تشكيل التاريخ
بالصلاة والصوم

الوسائل البسيطة القوية

التي نحتاجها لنؤثر على مصائر الأمم

بقلم

ديريك برنس

ترجمة

د. ق. منيس عبد النور

تشكيل التاريخ / ديريك برنس ؛

تشكيل التاريخ

Originally published in English under the title
Shaping History through
Prayer & Fasting
ISBN 978-0-88368-773-4

Copyright © 1973, 2002 Derek Prince Ministries–International.
All rights reserved.

المــــؤلــــــف: ديريك برنس
النــــاشــــــر: المؤسسة الدولية للخدمات الاعلامية **ت:** ‎+٢٠ ١٠٠ ٨٥٥ ٩٨٨٩
المطبعــــــــــة: مطبعة سان مارك **ت:** ‎+٢٠٢ ٢٣٤١٨٨٦١
التجهيــز الفنــــي: جي سي سنتر **ت:** ‎+٢٠٢ ٢٦٣٧٣٧٦٧
الموقع الالكتروني: www.dpmarabic.com
البريـد الالكترونـي: sales@dpmarabic.com
رقـــم الايـــداع: ٢٠٠٨/٢٢٧٤٦
التــرقيـم الـدولــي: 977-6194-20-6

Arabic Printing I 2013 . Copies 3000
Derek Prince Ministries–International
PO Box 19501
Charlotte, North Carolina 28219
USA
Translation is published by permission

Copyright © 2013 Derek Prince Ministries–International

www.derekprince.com

DPM

محتويات الكتاب

نحن نعيش في حضارة تقاوم الله وروحه، وأعتقد أن جيل اليوم يحتاج إلى سلاح الصوم والصلاة ليحيا به. ويذكر ديريك في الفصل السادس أن الصوم يجعلنا متواضعي النفوس فنجد القوة. وأنا محتاج إلي ذلك، وقد رأيت نتيجة عمل الصوم والصلاة في حياتي.

ولما كنت أعتقد أن ديريك أحد أروع المعلمين، فإني أرجو أن يجد كتابه «تشكيل التاريخ بالصوم والصلاة» مكانه في يد كل شاب مسيحي حقيقي، فيعلم الجميع أن الصوم هو طريق الله لكنوز السماء.

وأنت تقرأ هذا الكتاب تمسَّك بما به من حقائق وطبِّقها وأنت تسير مع الله، واسمح للقصص التي تُظهر أن الصوم والصلاة أثَّرا على مصائر الأمم، أن تلهمك لتفعل الشيء نفسه.

لو إنجل

«الدعوة»

باسادينا، كاليفورنيا

من رئيس الولايات المتحدة الأمريكية

إعــلان

عن يوم تواضع وصوم وصلاة للأمة كلها

لما كان برلمان الولايات المتحدة الأمريكية يدرك السلطان السامي والحكم العادل لله العلي في كل شئون البشر والأمم، فإن رئيس الولايات المتحدة قرر أن يخصص يوماً للأمة لتصلي وتتذلل أمام الرب .

وعليه فإن من واجب الأمم والبشر أن يخضعوا لقوة الله الحاكمة ، ويعترفوا بخطاياهم وشرورهم بتواضع وتوبة ، بأملٍ كامل في أن التوبة الحقيقية تجلب رحمة الله وغفرانه ، ويدركوا أن الحق السامي المعلَن في الكتاب المقدس والمؤيَّد بالحقائق التاريخية هو أن الأمم الخاضعة لسيادة الله هي التي تتبارك .

وإذ نعرف أن الأمم والأفراد يعرِّضون أنفسهم للعقاب الإلهي في هذا العالم ندرك أن كارثة الحرب الأهلية التي خربت أرضنا كانت عقاباً حلَّ بنا بسبب شرورنا، ولتنبِّهنا إلى إصلاح نفوسنا. لقد حصلنا على بركات خاصة من السماء، وحُفظنا لسنوات كثيرة في

سلام ونجاح، وزدنا عدداً وثراءً وقوة لم تبلغه أمة من الأمم. ولكننا نسينا الله، ونسينا اليد المُنعمة التي حفظتنا في سلام وزادتنا وأغنتنا وقوَّتنا، ولكننا باطلاً تخيلنا في قلوبنا المخدوعة أن ما حققناه كان ثمرة حكمتنا العالية وفضائلنا. وقد سكرنا بنجاحنا المتواصل، وفي كفايتنا الذاتية نسينا احتياجنا للفداء والنعمة الحافظة، وتكبَّرنا فلم نصلِّ لله الذي خلقنا! فعلينا اليوم أن نذلل أنفسنا أمام الله الذي أغضبناه، ونعترف بخطايانا كأمة، ونصلي طالبين الغفران.

وعليه، فاستجابةً لهذا الطلب، قررتُ أن يكون يوم الخميس ٣٠ أبريل ١٨٦٣ يوم تواضع وصوم وصلاة للأمة كلها. وأدعو كل شعبنا أن يمتنعوا في هذا اليوم عن كل سعي وراء الأعمال اليومية، ويتَّحدوا في أماكن العبادة وفي البيوت ليقدّسوا هذا اليوم للرب ولممارسة الواجبات الدينية المناسِبة لهذه المناسَبة الوقورة.

وليكن القيام بهذا كله في إخلاص وحق وتواضع، آملين في ما تعِد به التعاليم الإلهية أن الصرخة المتحدة للأمة تجد أذناً سماوية مصغية، تستجيب بالبركات وغفران خطايانا وإعادة الأحوال السعيدة والوحدة والسلام لبلدنا المنقسم والذي يعاني.

وشهادة مني وضعت يدي بختم الولايات المتحدة للتنفيذ.

تمَّ في مدينة واشنطن العاصمة في الثلاثين من مارس عام ١٨٦٣

للميلاد، وفي العام السابع والثمانين ليوم استقلال الولايات المتحدة.

أبراهام لنكولن

عن الرئيس

وليم ستيوارد، وزير الداخلية

مقدمة

إعــــــلان

الإعلان المذكور أعلاه محفوظ في مكتبة الكونجرس كملحق رقم
١٩ من المجلد رقم ١٢ لأحوال الولايات المتحدة، وقد كُتب بقرار
من البرلمان، وأعلنه رسمياً الرئيس «أبراهام لنكولن» في ٣٠ مارس
١٨٦٣. وفيه نجد فكرتين مترابطتين تستحقان عنايتنا الدقيقة.

أولهما الإعلان أن البركات الفريدة التي تتمتع بها أمريكا جلبت
اتجاهاً للكبرياء والاكتفاء الذاتي، وأدَّت إلى أزمة قومية محزنة.
ويمكن تطبيق ما جاء في هذا الإعلان على حال الأمة الأمريكية
اليوم، فقد «نمونا في العدد والثراء والقوة كما لم يحدث مع أمة
أخرى.. ولكننا باطلاً تخيلنا في قلوبنا المخدوعة أن ما حققناه كان
ثمرة حكمتنا العالية وفضائلنا.. وقد سكرنا بكفايتنا الذاتية..
وتكبرنا فلم نصلِّ لله الذي خلقنا!».

وثانيهما أن الإعلان يحوي اعترافاً بقوة الله الحاكمة في أمور
البشر والأمم، فمن وراء القوى السياسية والاقتصادية والحربية هناك
قوانين سماوية روحية فاعلة. وبالاعتراف بهذه القوانين والخضوع
لها تتغير مصائر الشعوب وتتحول المصائب إلى سلام ونجاح. ويقدم

الإعلان طريقة واحدة عملية تجعل هذه القوانين فاعلة لخير الأمة، هي الاتحاد في الصلاة والصوم.

وفي أمريكا وغيرها يُعتبر أبراهام لنكولن، كاتب هذا الإعلان، واحداً من أكثر رؤساء أمريكا ذكاءً واستنارة، فقد كان رجل إيمان عميق، قد حرص ألاّ ينضم لأية طائفة مسيحية في أيامه حتى لا يقول أحدٌ إنه كان منحازاً لرأي ديني متطرف، كما أن هذا الإعلان لم يكن ناتجاً عن قناعات لنكولن الشخصية، لكنه كان بقرار من البرلمان كله.

فكيف نقيّم القناعات العميقة لهؤلاء الأشخاص العظماء؟ هل يمكن أن نرفض ما قالوه لأنه «موضة قديمة»؟ إن فعلنا هذا نبيّن أننا متحاملون وغير موضوعيين.

علينا إذاً أن نقف موقفاً أميناً واعياً من هذا الإعلان وما يقوله من حقائق. هل هناك قوة إلهية تسود على مصائر الأمم؟ وهل يمكن أن نطلب عون هذه القوة بالصوم والصلاة؟

لقد خصصنا هذا الكتاب لفحص هذه الأسئلة، وسنقدم إجابة من أربعة مراجع، أولها تعاليم الكتاب المقدس، وثانيها أحداث من تاريخ العالم بعد الحرب العالمية الثانية، وثالثها من أحداث التاريخ الأمريكي، ورابعها من اختباراتي الشخصية في الصلاة والصوم.

ديريك برنس

الفصل الأول
ملح الأرض

«**أَنْتُمْ مِلْحُ الأَرْضِ**» (متى ٥ : ١٣).

بهذه الكلمات كَلّم المسيح تلاميذه كما يكّلمنا نحن الذين نعترف بسلطان تعاليمه، وهو يشبّه عملنا في الأرض بعمل الملح، ويتضح معنى قوله من تأملنا في عملين يقوم بهما الملح في الطعام.

الملح يعطي نكهة

يعطي الملح الطعام نكهة، فيصبح الطعام غير الشهي مقبولاً بإضافة الملح إليه. ويتساءل (أيوب ٦ :٦) «**هَلْ يُؤْكَلُ الْمَسِيخُ بِلاَ مِلْحٍ؟**» فإن الملح يغيّر الطعم فنستمتع بالطعام، ويصبح المرفوض لذيذاً. ومسئوليتنا كمسيحيين هي أن نعطي العالم نكهة خاصة تَسرُّ قلب الله، فيقبل الله العالم ويرحمه. وبدوننا يرفض الله العالم، وبوجودنا يعامل الله العالم بنعمة ورحمة لا بغضب ودينونة. إن وجودنا يصنع فرقاً.

ويتضح هذا القانون الإلهي من صلاة إبراهيم لأجل سدوم وعمورة كما نقرأ في (تكوين ١٨ : ١٨-٣٣) فقد أبلغ الله إبراهيم أنه في طريقه إلى سدوم، المدينة التي لم يعُد يطيق شرورها، فبدأ إبراهيم يتحدث مع الله ويسأله عن قوانين الإدانة.

ذكر إبراهيم أولاً مبدأً عمومياً أسَّس عليه كل ما يليه، وهو أن عقوبة الأثيم لن تقع على البار، بأن سأل: «**أَفَتُهْلِكُ الْبَارَّ مَعَ الأَثِيمِ؟.. حَاشَا لَكَ أَنْ تَفْعَلَ مِثْلَ هَذَا الأَمْرِ، أَنْ تُمِيتَ الْبَارَّ مَعَ الأَثِيمِ، فَيَكُونُ الْبَارُّ كَالأَثِيمِ. حَاشَا لَكَ! أَدَيَّانُ كُلِّ الأَرْضِ لاَ يَصْنَعُ عَدْلاً؟**» (آيات ٢٣-٢٥). فأجاب الله أنه يقبل هذا المبدأ الذي قاله إبراهيم. وما أحوج المؤمنين أن يفهموا هذا المبدأ، فإن كنا قد تبررنا بالإيمان بيسوع، وإن كنا نعيش حياة تشهد لهذا الإيمان، فلن يقع علينا العقاب الذي يحل بالأشرار.

ومن المؤسف أن المؤمنين لا يفهمون هذا المبدأ لأنهم لا يميزون بين حالتين يبدو في ظاهريهما متشابهتين، بينما هما مختلفتان في طبيعتيهما وأسبابهما.. فهناك اضطهاد من أجل البر، وهناك عقاب من الله على الأشرار. وندرك الفرق بين الحالتين من قولنا إن الاضطهاد يقع على الأبرار من الأشرار، بينما تقع الدينونة على الأشرار من الإله البار. وهكذا نرى أن اضطهاد الأبرار ودينونة الأشرار متناقضان في سببهما وهدفهما ونتيجتهما.

وينبّه الكتاب المقدس كل مؤمن أنه سيعاني من الاضطهاد، فقد قال المسيح في موعظة الجبل: **«طُوبَى لِلْمَطْرُودِينَ مِنْ أَجْلِ الْبِرِّ، لأَنَّ لَهُمْ مَلَكُوتَ السَّمَاوَاتِ. طُوبَى لَكُمْ إِذَا عَيَّرُوكُمْ وَطَرَدُوكُمْ وَقَالُوا عَلَيْكُمْ كُلَّ كَلِمَةٍ شِرِّيرَةٍ، مِنْ أَجْلِي، كَاذِبِينَ»** (متى ٥ : ١٠، ١١). وكتب بولس لتيموثاوس: **«جَمِيعُ الَّذِينَ يُرِيدُونَ أَنْ يَعِيشُوا بِالتَّقْوَى فِي الْمَسِيحِ يَسُوعَ يُضْطَهَدُونَ»** (٢تيموثاوس ٣ : ١٢). فعلى كل مؤمن أن يكون مستعداً لاحتمال الاضطهاد من أجل إيمانه وسلوكياته، وأن يعتبر هذا الاضطهاد امتيازاً.

ولن يتعرَّض المؤمنون لدينونة الأشرار، إذ يقول بولس في (١كورنثوس ١١ : ٣٢) **«وَلكِنْ إِذْ قَدْ حُكِمَ عَلَيْنَا نُؤَدَّبُ مِنَ الرَّبِّ لِكَيْ لاَ نُدَانَ مَعَ الْعَالَمِ»**. فهناك اختلاف بين معاملة الله للمؤمنين ومعاملته للأشرار، فكمؤمنين نتوقع تأديبه لنا. وإن خضعنا للتأديب الإلهي وسلكنا بأمانة فلن تقع علينا الدينونة التي تصيب الأشرار. فتأديب الله لنا يهدف إلى إنقاذنا من دينونة الأشرار.

ويقدم (مزمور ٩١ : ٧، ٨) وعداً للمؤمن يقول: **«يَسْقُطُ عَنْ جَانِبِكَ أَلْفٌ، وَرِبْوَاتٌ عَنْ يَمِينِكَ. إِلَيْكَ لاَ يَقْرُبُ. إِنَّمَا بِعَيْنَيْكَ تَنْظُرُ وَتَرَى مُجَازَاةَ الأَشْرَارِ»**. فالأشرار يستحقون الدينونة التي تحل بهم، ولكنها لن تصيب الأبرار. فمع أن العقاب يحل بالأشرار من كل جانب، إلا أنه لن يصيب المؤمنين.

وفي سفر الخروج أصحاحات ٧-١٢ نقرأ عن عشر ضربات كانت تزداد حدَّة على المصريين لأنهم لم يسمعوا لموسى وهارون. ومع أن بني إسرائيل كانوا يعيشون في مصر وسط المصريين إلا أن الضربات لم تُصبهم، ويوضح (خروج ١١ : ٧) السبب فيقول: «**وَلكِنْ جَمِيعُ بَنِي إِسْرَائِيلَ لاَ يُسَنِّنُ كَلْبٌ لِسَانَهُ إِلَيْهِمْ، لاَ إِلَى النَّاسِ وَلاَ إِلَى الْبَهَائِمِ. لِكَيْ تَعْلَمُوا أَنَّ الرَّبَّ يُمَيِّزُ بَيْنَ الْمِصْرِيِّينَ وَإِسْرَائِيلَ**». فلم يعاقب الله بني إسرائيل لأنه ميَّز بين شعبه وشعب مصر، حتى إنّ كلاب مصر رأت الفرق. ولا زال الفرق بين الأبرار والأشرار واضحاً إلى يومنا هذا!

واستمر إبراهيم يحادث الله بخصوص سدوم عن عدد الأبرار المطلوب وجودهم في سدوم لحفظها من العقاب، فبدأ بخمسين، وبكل توقير وإلحاح توقف عند عشرة، وقال الله: «**لاَ أُهْلِكُ مِنْ أَجْلِ الْعَشَرَةِ**».

فكم كان عدد سكان سدوم؟ من الصعوبة أن نحدد العدد وقتها. على أن هناك إحصاءات لبعض مدن فلسطين القديمة تعيننا على تخمين قريبٍ من الصحّة، ففي أيام إبراهيم كانت أسوار أريحا تحيط بمساحة سبعة أو ثمانية أفدنة، تكفي لسكنى خمسة آلاف شخص على الأقل وعشرة آلاف على الأكثر. ولكن أريحا لم تكن معتبرة من كبار المدن وقتها، فقد كانت مدينة حاصور هي الأكبر،

ومساحتها نحو ١٧٥ فداناً، يسكنها أربعون إلى خمسين ألف نسمة . ويخبرنا (يشوع ٨ : ٢٥) أن عدد سكان مدينة عاي كان ١٢ ألف نسمة ، ونستنتج من الرواية الكتابية أن سدوم كانت في زمنها أكثر أهمية من عاي .

ونستنتج من هذا أن عدد سكان سدوم أيام إبراهيم لم يكن يقل عن عشرة آلاف ، فيكون أن الله قبل أن ينقذ عشرة آلاف مقابل عشرة أبرار ، أي واحد إلى ألف ، وهو ما نقرأه في (أيوب ٣٣ : ٢٣) «وَسِيطٌ وَاحِدٌ مِنْ أَلْفٍ» وهو رقم يتكرر في (سفر الجامعة ٧ : ٢٨) . وهاتان الآيتان تقولان إن «الواحد» شخص بار بالحقيقة ، بينما الباقون يقفون دون المستوى الإلهي المطلوب .

إذاً وجود عشرة أبرار كان يمكن أن يحفظ مجتمعاً يتكوّن من عشرة آلاف ، ووجود مئة بار يحفظ مدينة يسكنها مئة ألف ، ووجود ألف بار ينقذ مليوناً . فكم عدد الأبرار الذين يمكن أن يحفظوا سكان بلادك ؟

هذا حديث يثير العواطف . فهل يجعلنا هذا نصدق أن مئة ألف بار ، مُوزّعين كالملح في أنحاء البلاد يكفي لإنقاذ كل الأمة من غضب الله ، ويضمن استمرار النعمة والرحمة؟ . . من الحماقة أن نقول إن هذه الأرقام مضبوطة ، إلا أن الكتاب المقدس يجعلنا نؤمن أن وجود المؤمنين الأبرار عامل مؤثر في تعاملات الله مع الأمم .

وقد استخدم المسيح الملح ليصوّر لنا المبدأ. وفي (٢ كورنثوس ٥ : ٢٠) يستخدم الرسول بولس مثلاً آخر يعبّر عن نفس المبدأ: «**سُفَرَاءَ عَنِ الْمَسِيحِ**». فمن هم السفراء؟.. هم أفراد ترسلهم دولهم ليمثلوا حكوماتهم في بلاد أخرى. ولا يُقاس سلطان السفير بقدراته الشخصية، بل بحالة الحكومة التي يمثلها.

ويشرح الرسول بولس في (فيلبي ٣ : ٢٠) الحكومة التي يمثلها المؤمن الحقيقي فيقول: «**فَإِنَّ سِيرَتَنَا** (أي جنسيتنا) **نَحْنُ هِيَ فِي السَّمَاوَاتِ**» أي أنه ونحن في الأرض سفراء نمثل حكومة السماء، لا سلطان لنا من أنفسنا، لكن كل قوة وسلطان السماء تقف وراء كل كلمة نقولها وكل حركة نأتيها، ما دمنا نطيع توجيهات حكومتنا.

وقبل أن تقوم حكومة بلد ما بإعلان الحرب على بلد آخر تسحب سفيرها منها. فبقاء الأبرار على الأرض كسفراء عن المسيح يضمن استمرار طول الأناة الإلهية والرحمة على أرضنا. ولكن عندما يسحب الله سفراءه في النهاية ينسكب غضب الله ودينونته على الأرض.

هذا يقودنا إلى تأثير ثانٍ لحضور المؤمنين الحقيقيين كملح للأرض:

الملح يمنع الفساد

للملح عمل آخر، فهو يحفظ الطعام من الفساد، فقبل اختراع الثلاجات (المبردات) كان البحارة الذين يأخذون لحوماً في رحلاتهم الطويلة يستخدمون الملح كمادة حافظة. كان هناك فساد من المحتمل أن يعمل في اللحوم قبل تمليحها، فالملح لا يبطل الفساد، ولكنه يوقف مفعوله أثناء رحلة السفر، فيأكل البحارة اللحوم لأنها لم تفسد.

ووجود تلاميذ المسيح في الأرض يشبه وجود الملح في اللحوم، فالفساد موجود في العالم، وهذا ما نجده في كل مكان دينياً واجتماعياً وسياسياً. ونحن لا نقدر أن نمنع هذا الفساد الموجود، ولكننا نقدر أن نمنع عمله لفترة تسمح بتحقيق عمل مقاصد نعمة الله ورحمته. وعندما لا يشعر الناس بتأثير المؤمنين الحقيقيين يصل الفساد إلى الذروة، وتكون النتيجة انحلالاً.

ويوضح الرسول بولس قوة عمل الملح في الحدّ من الفساد في ما كتبه في (٢تسالونيكي ٢ : ٣-١٢)، فهو يحذر من أن الشر البشري سيبلغ ذروته في عهد حاكم أرضي ذي قوة غير عادية، يحركه الشيطان نفسه، يسميه بولس «**إِنْسَانَ الْخَطِيَّةِ**» ويُسمَّى في (١يوحنا ٢ : ١٨) «**ضِدّ الْمَسِيحِ**» وفي (رؤيا ١٣ : ٤) يُسمى «**الْوَحْشَ**». وهو يدّعي سلطان الله لنفسه ويطالب الجميع بعبادته.

ولا بد من ظهور هذا الحاكم الشيطاني، إذ يقول بولس: «**سَيُسْتَعْلَنُ الأَثِيمُ**» (٢تسالونيكي ٢ : ٨) ولكن المسيح نفسه هو الذي سيبيده نهائياً «**سَيُسْتَعْلَنُ الأَثِيمُ، الَّذِي الرَّبُّ يُبِيدُهُ بِنَفْخَةِ فَمِهِ، وَيُبْطِلُهُ بِظُهُورِ مَجِيئِهِ**» (آية ٨).

ومن المؤسف أن بعض الوعاظ وهم يتحدثون عن «**ضِدِّ الْمَسِيحِ**» يزرعون في قلوب سامعيهم السلبية والقدريّة، وهم يقولون: «ضد المسيح آت، والأمور تسير من سوء إلى أسوأ، ولا يوجد ما نقوم به». ونتيجة لهذا التعليم يطوي المؤمنون أيديهم في تقوى عاجزة وهم يراقبون الشيطان يخرب ويتلف حولهم، دون رادع.

هذه السلبية والقدريّة كارثة، لا سند لها في الكتاب المقدس. صحيح أن «ضد المسيح» لا بد سيظهر، ولكن ليس صحيحاً أننا عاجزون الآن عن عمل شيء تجاهه، ففي العالم اليوم قوة فَعَّالة تتحدى «ضد المسيح» وتقاومه وتقيّده، يتحدث عنها بولس في (٢تس ٢ : ٦، ٧) ويقول: «**وَالآنَ تَعْلَمُونَ مَا يَحْجِزُ حَتَّى يُسْتَعْلَنَ فِي وَقْتِهِ، لأَنَّ سِرَّ الإِثْمِ الآنَ يَعْمَلُ فَقَطْ، إِلَى أَنْ يُرْفَعَ مِنَ الْوَسَطِ الَّذِي يَحْجِزُ الآنَ**» بمعنى أنه يوجد الآن ما يبقيه تحت السيطرة حتى يجيء وقت حجزه عن العمل الشرير، لأن القوة الشريرة تعمل، ولكن الواحد الذي سيبيده من وسطكم يحجزه الآن ويعطله عن العمل.

هذه القوة التي تحجز الآن هي قوة عمل الروح القدس العامل في الكنيسة، ويتضح لنا هذا عندما ندرس قول الكتاب المقدس عن شخص الروح القدس وعمله، ففي (تكوين ١ : ٢) نقرأ «**وَرُوحُ اللهِ يَرِفُّ عَلَى وَجْهِ الْمِيَاهِ**». ومن هنا وفي كل العهد القديم نجد إشارات كثيرة لعمل الروح القدس في أرضنا. وفي ختام خدمة المسيح على الأرض وعد تلاميذه أن الروح القدس بعد وقت قليل سيأتي لهم بطريقة غير مسبوقة.

وفي (يوحنا ١٤ : ١٦، ١٧) قال المسيح: «**وَأَنَا أَطْلُبُ مِنَ الآبِ فَيُعْطِيكُمْ مُعَزِّياً آخَرَ لِيَمْكُثَ مَعَكُمْ إِلَى الأَبَدِ، رُوحُ الْحَقِّ** (أحد ألقاب الروح القدس).. **مَاكِثٌ مَعَكُمْ وَيَكُونُ فِيكُمْ**». وكأنه يقول: لقد كنت معكم بجسدي مدة ثلاث سنوات ونصف السنة، وأنا الآن على وشك أن أترككم. فبعد هذا سيأتي شخص آخر يحلّ محلّي، هو الروح القدس. وعندما يأتي سيبقى معكم إلى الأبد.

وفي (يوحنا ١٦ : ٦، ٧) كرر المسيح وعده: «**لأَنِّي قُلْتُ لَكُمْ هَذَا قَدْ مَلأَ الْحُزْنُ قُلُوبَكُمْ. لَكِنِّي أَقُولُ لَكُمُ الْحَقَّ إِنَّهُ خَيْرٌ لَكُمْ أَنْ أَنْطَلِقَ، لأَنَّهُ إِنْ لَمْ أَنْطَلِقْ لاَ يَأْتِيكُمُ الْمُعَزِّي. وَلَكِنْ إِنْ ذَهَبْتُ أُرْسِلُهُ إِلَيْكُمْ**». والصورة هنا واضحة، فبعد صعود المسيح سيأتي الروح القدس المعزي.

وفي (يوحنا ١٦ : ١٢، ١٣) عاد المسيح إلى الحديث عن الروح القدس مرة ثالثة، فقال: «إِنَّ لِي أُمُوراً كَثِيرَةً أَيْضاً لأَقُولَ لَكُمْ، وَلَكِنْ لاَ تَسْتَطِيعُونَ أَنْ تَحْتَمِلُوا الآنَ. وَأَمَّا مَتَى جَاءَ ذَاكَ رُوحُ الْحَقِّ فَهُوَ يُرْشِدُكُمْ إِلَى جَمِيعِ الْحَقِّ». وفي الأصل اليوناني نجد كلمة «هو» ضمير المذكر، ولكن كلمة «رُوح» في صيغة neuter (ليست مذكراً ولا مؤنثاً) وهذا يوضح طبيعة الروح المزدوجة، فهو شخصي وغير شخصي، وهذا مشابه للصيغة الواردة في تسالونيكي الثانية وصفاً للقوة التي ستحجز ضد المسيح، ففي آية ٦ يقول «مَا يَحْجُزُ» وفي آية ٧ يقول «الَّذِي يَحْجِزُ». وهذا التشابه في التعبير يؤكد تعريف قوة الروح القدس الرادعة.

لقد صعد المسيح للسماء وبعد عشرة أيام جاء الروح القدس كأقنوم (شخص) من السماء يوم الخمسين، وهو الآن يمثل الثالوث الأقدس المقيم على أرضنا، وهو يسكن أجساد المؤمنين الذين يكوّنون الكنيسة، فيقول الرسول بولس لهم: «أَمَا تَعْلَمُونَ أَنَّكُمْ هَيْكَلُ اللهِ، وَرُوحُ اللهِ يَسْكُنُ فِيكُمْ؟» (١ كورنثوس ٣ : ١٦).

ويقوم الروح القدس بالعمل داخل الكنيسة لتكميل جسد المسيح. وعندما يكمل الجسد يقدمها للمسيح العريس كعروس جميلة. وعندما تكمل خدمة الروح القدس للكنيسة يغادر أرضنا ومعه جسد المسيح الكامل، فكأن الرسول بولس في (٢ تس ٢ : ٧)

يقول: «**الروح القدس الذي يحجز الأثيم الآن سيستمر يفعل هذا إِلَى أَنْ يُرْفَعَ**».

ويصف الرسول يوحنا مقاومة الروح القدس لضد المسيح بقوله: «**وَكُلُّ رُوحٍ لاَ يَعْتَرِفُ بِيَسُوعَ الْمَسِيحِ أَنَّهُ قَدْ جَاءَ فِي الْجَسَدِ فَلَيْسَ مِنَ اللهِ. وَهذَا هُوَ رُوحُ ضِدِّ الْمَسِيحِ الَّذِي سَمِعْتُمْ أَنَّهُ يَأْتِي، وَالآنَ هُوَ فِي الْعَالَمِ. أَنْتُمْ مِنَ اللهِ أَيُّهَا الأَوْلاَدُ، وَقَدْ غَلَبْتُمُوهُمْ لأَنَّ الَّذِي فِيكُمْ أَعْظَمُ مِنَ الَّذِي فِي الْعَالَمِ**» (١ يوحنا ٤ : ٣، ٤).

يعمل روح ضد المسيح في العالم ليُظهر ضد المسيح نفسه. الروح القدس في تلاميذ المسيح يقوم بحجز ظهور ضد المسيح، وهكذا يقوم تلاميذ المسيح الذين يسكن فيهم الروح القدس كحاجز، يمنعون وصول الإثم إلى ذروته وظهور ضد المسيح. وعندما ينسحب الروح القدس ومعه الكنيسة الكاملة العدد تمرح قوى الشر لتبلغ الذروة وتتمم مقاصد الأثيم. واليوم نجد أن امتياز تلاميذ المسيح ومسئوليتهم أن يغلبوا قوات ضد المسيح ويحجزونها.

نتائج السقوط

كتلاميذ للمسيح، وكملح للأرض نحمل مسؤليتين: أولاهما، أن حضورنا يعلن للأرض استمرار نعمة الله ورحمته.. وثانيتهما، أننا نحجز قوى الإثم والفساد بقوة الروح القدس، إلى أن يجيء الوقت المعيّن من الله.

ولكي تتحقق هاتان المسؤليتان يجب أن تحجز الكنيسة تنفيذ مقاصد الشيطان من السيطرة على الأرض كلها. وهذا يوضح ما جاء في (٢تسالونيكي ٢ : ٣) أنه يجب أن يكون هناك ارتدادٌ أولاً قبل أن «يُسْتَعْلَنَ إِنْسَانُ الْخَطِيَّةِ، ابْنُ الْهَلاَكِ». والارتداد هو رفض الإيمان. وكلما كانت الكنيسة متمسكة بإيمانها صامدة في جهادها تقدر أن تمنع استعلان إنسان الخطية. والشيطان يدرك هذا، ولذلك يعمل على تقويض إيمان الكنيسة وبِرّها. فإذا نجح في هذا يتعطل رفع الحاجز، ويسيطر إبليس على روحانيات وسياسات الأرض.

ولنفترض أن الشيطان نجح لأن المؤمنين فشلوا في تحمُّل مسؤلياتهم، فماذا يصير؟ أجاب المسيح على هذا السؤال بقوله: **«وَلَكِنْ إِنْ فَسَدَ الْمِلْحُ، فَبِمَاذَا يُمَلَّحُ؟ لاَ يَصْلُحُ بَعْدُ لِشَيْءٍ إِلاَّ لأَنْ يُطْرَحَ خَارِجاً وَيُدَاسَ مِنَ النَّاسِ»** (متى ٥ : ١٣).

«فَسَدَ الْمِلْحُ»! هذه إدانة مخيفة، يتبعها الطرح بعيداً عن الله، الدوس بأرجل الناس، ويصير الناس وسيلة الله لمعاقبة الكنيسة المرتدة. فإذا فشلت الكنيسة في حجز قوات الشر يدينها الله بأن يسلمها لقوات الشر!

ويقدم الرسول بولس لنا البديل في قوله: **«لاَ يَغْلِبَنَّكَ الشَّرُّ، بَلِ اغْلِبِ الشَّرَّ بِالْخَيْرِ»** (رومية ١٢ : ٢١). لا يوجد سوى اختياران: أن تَغلب، أو أن تُغلب. ليس هناك بديل ثالث ولا اختيار ثالث.

فلنجعل الخير الذي وضعه الرب فينا يقاوم الشر الذي يواجهنا . فإذا فشلنا في هذا ينقلب الشر علينا .

هـذه الرسـالة موجهة إلى الذين يعيشـون في بلاد تسـمح لهم أن يعلنوا إيمانهم ويعيشـونه ، فمن المؤسـف أن مسـيحيين كثيرين يعيشــون في بلاد فقدوا فيها حريتهم . ومن المؤسـف أيضاً أن بلاداً كثيرة مسـحت أدمغة شـعوبها بطريقة منظمة فجعلتهم يحتقرون المسـيحية ويكرهونهـا ، ويدوسـون بأقدامهـم المسـيحيين الذيـن يعيشون بينهم .

فإذا أعرنا أذناً صاغية لتحذيرات المسيح وقمنا بواجبنا كملح للأرض ، استطعنا أن نمنع هذا . أما إن هربنا من مسئولياتنا فإننا سنقاسي من الدينونة التي ستحل بنا . لا سمح الله بهذا !

الفصل الثاني
مملكة كهنة

خوَّل الله لنا نحن المؤمنين سلطاناً على الأرض يؤثر في تحديد مصائر الأمم والحكومات، وهو يتوقع أن نستخدم سلطاننا لمجده ولخيرنا. فإذا فشلنا في القيام بهذا نحمل عاقبة جُرمنا.. وهذه الرسالة واضحة في كلمة الله، وفي النماذج التي تقدمها. كما أن هذا مسجَّلٌ في صفحات التاريخ في اختبارات الأمم كلها. وسنذكر في فصولٍ تالية مثل هذه الأحداث من تاريخ العالم. ولكننا نبدأ في هذا الفصل في دراسة الأسس الكتابية لهذا السلطان

كلمة الله في فم الإنسان

من النماذج الرائعة لهذا ما جرى في حياة النبي إرميا، فنقرأ في (إرميا ١ : ١-١٠) إعلان الله له أنه قد أفرزه وقدسه ليكون «**نَبِيّاً لِلشُّعُوبِ**» (١ : ٥) فاعتذر بحُجة أنه لا يقدر أن يقوم بهذه المهمة وقال: «**إِنِّي لاَ أَعْرِفُ أَنْ أَتَكَلَّمَ لأَنِّي وَلَدٌ**» (آية ٦). فأكّد الله له الدعوة، ثم قال: «**اُنْظُرْ! قَدْ وَكَّلْتُكَ هَذَا الْيَوْمَ عَلَى الشُّعُوبِ**

وَعَلَى الْمَمَالِكِ، لِتَقْلَعَ وَتَهْدِمَ وَتُهْلِكَ وَتَنْقُضَ وَتَبْنِيَ وَتَغْرِسَ» (آية ١٠).

فياله من شرف لشاب أن يوكله الله على الشعوب والممالك، فقد أعطاه سلطاناً يفوق سلطان مراكز القوى التي تحرك السياسة الدنيوية في عصره. ولو أننا حكمنا حسب الظاهر لقلنا إن سيرة إرميا لا تُظهر إلا القليل من السلطان، كما أن رسالته قد رُفضت، وتعرَّض هو للاضطهاد والإهانة، وقضى شهوراً في السجن، وكان على وشك الموت بالجوع أو بالإعدام.

على أن التاريخ اللاحق أنصف إرميا ورسالته، فقد تنبأ إرميا عن مصير بني إسرائيل والدول المحيطة بهم في الشرق الأوسط، كما تنبأ عن دول أخرى كثيرة. وقد مضت ٢٥٠٠ سنة على نبوات إرميا، فيمكننا أن نصدر عليها حكماً موضوعياً بلا تحيُّز، فنقول إنها تمت كلها تماماً كما تنبأ إرميا، وتحقق ما قاله إرميا عن كل دولة من تلك الدول، وصار إرميا وكيل الله على الشعوب والممالك، يحدد مصائرها.

فما هو أساس هذا السلطان المذهل؟ الإجابة في (إرميا ١ : ٩) حيث يقول: «**وَقَالَ الرَّبُّ لِي: هَا قَدْ جَعَلْتُ كَلاَمِي فِي فَمِكَ**». فالسلطان هو سلطان كلمة الله المُعطاة لإرميا. ولما كان إرميا ينطق بكلمة الله

لا بكلامه الشخصي كان لكلامه سلطان كلام الله، فكلمة الله هي الكلمة الأخيرة ولكنه يسمح لإنسان بشري أن ينطق بها علناً في وسط جمع، ويشرحها، أو لينطق بها أثناء الصلاة.

ومن المهم أن نعرف أن إرميا كان ذا علاقة مزدوجة مع الحكومة المدنية في زمنه، ففي الدائرة المدنية كان مواطناً في مملكة يهوذا يخضع لحكومة بلاده التي يرأسها الملك والأمراء، فلم يعظ ضد الحكام، ولا حاول أن يقاوم أحكامهم الصادرة ضده، ولا تحدّاهم رغم ظلمهم.. أما في المستوى الروحي الذي رفعه الله إليه كنبي فقد مارس إرميا سلطانه على الحكام الذين كان خاضعاً لهم على المستوى المدني.

على العرش مع المسيح

تُظهر نبوة إرميا مبدأً هاماً يتضح أكثر في العهد الجديد هو أن لكل مؤمن جنسيتين: جنسية أرضية حصل عليها بالميلاد الجسدي تجعله خاضعاً لسلطان الحكومة المدنية.. أما الميلاد الروحي بالإيمان بالمسيح فيهبه الجنسية السماوية التي ملكُها الله، وهو ما يتضح مما اقتبسناه في كلام الرسول بولس من (فيلبي ٣ : ٢٠) **«فَإِنَّ سِيرَتَنَا** (أي جنسيتنا) **نَحْنُ هِيَ فِي السَّمَاوَاتِ»**.

فكمواطن سماوي يخضع المؤمن لقوانين ملكوت السماوات، كما أنه يتمتع بسلطانه، وهو الملكوت الذي قال داود عنه في (مزمور ١٠٣ : ١٩) **«اَلرَّبُّ فِي السَّمَاوَاتِ ثَبَّتَ كُرْسِيَّهُ، وَمَمْلَكَتُهُ عَلَى الْكُلِّ تَسُودُ»**. فملكوت الله يسمو على كل مملكة أرضية، ويمنح الله السلطان السماوي للمؤمنين الحقيقيين، كما يقول المسيح في (لوقا ١٢ : ٣٢) **«لاَ تَخَفْ أَيُّهَا الْقَطِيعُ الصَّغِيرُ، لأَنَّ أَبَاكُمْ قَدْ سُرَّ أَنْ يُعْطِيَكُمُ الْمَلَكُوتَ»**. وهذا لا يتوقف على كثرة عدد القطيع، فهم قليلو العدد، وهم **«كَغَنَمٍ فِي وَسْطِ ذِئَابٍ»** (متى ١٠ : ١٦). ولكن وجودهم في ملكوت الله مؤسس على مسرّة الآب بهم **«حَسَبَ قَصْدِ الَّذِي يَعْمَلُ كُلَّ شَيْءٍ حَسَبَ رَأْيِ مَشِيئَتِهِ»** (أفسس ١ : ١١).

وتتوقف مكانتنا كمؤمنين في ملكوت الله على علاقتنا بالمسيح، وهذا ما أوضحه بولس في (أفسس ٢ : ٤-٦) إذ يقول **«اَللهُ الَّذِي هُوَ غَنِيٌّ فِي الرَّحْمَةِ، مِنْ أَجْلِ مَحَبَّتِهِ الْكَثِيرَةِ الَّتِي أَحَبَّنَا بِهَا، وَنَحْنُ أَمْوَاتٌ بِالْخَطَايَا أَحْيَانَا مَعَ الْمَسِيحِ بِالنِّعْمَةِ أَنْتُمْ مُخَلَّصُونَ وَأَقَامَنَا مَعَهُ، وَأَجْلَسَنَا مَعَهُ فِي السَّمَاوِيَّاتِ فِي الْمَسِيحِ يَسُوعَ»**.

وهنا نرى ثلاث خطوات متتابعة، أولها أن الله **«أَحْيَانَا مَعَ الْمَسِيحِ»** فنحن نشترك في حياة المسيح، ثم **«أَقَامَنَا»** كما قام المسيح من القبر، فنحن نشترك في قيامته، ثم **«أَجْلَسَنَا»** معه في السماويات، فنحن على العرش مع المسيح. وليس هذا في المستقبل، لكنه الآن،

فالأفعال المستخدمة كلها في زمن الماضي ! وهذه الخطوات الثلاث ممكنة لا بمجهودنا ولا باستحقاقنا، بل نتيجة اتحادنا بالمسيح .

ويصف بولس في (أفسس ١ : ٢٠ ، ٢١) رفعة سلطان المسيح في السماويات، فإن الله «**أَقَامَهُ مِنَ الأَمْوَاتِ، وَأَجْلَسَهُ عَنْ يَمِينِهِ فِي السَّمَاوِيَّاتِ، فَوْقَ كُلِّ رِيَاسَةٍ وَسُلْطَانٍ وَقُوَّةٍ وَسِيَادَةٍ، وَكُلِّ اسْمٍ يُسَمَّى لَيْسَ فِي هَذَا الدَّهْرِ فَقَطْ بَلْ فِي الْمُسْتَقْبَلِ أَيْضاً**» . والجلوس عن اليمين يسمو فوق كل السلطات الأخرى التي للمسيح، كما قيل مرتين في (رؤيا ١٧ : ١٤ و١٩ : ١٦) فهو «**رَبُّ الأَرْبَابِ وَمَلِكُ الْمُلُوكِ**» الذي يسمو حكمه على كل حكم أرضي .

ويقول الرسول بولس في (أفسس ١ : ١٧-٢٠) إن المسيح يمنحنا هذا السلطان العظيم، فيصلّي طالباً أن «**يُعْطِيكُمْ إِلَهُ رَبِّنَا يَسُوعَ الْمَسِيحِ، أَبُو الْمَجْدِ، رُوحَ الْحِكْمَةِ وَالإِعْلاَنِ فِي مَعْرِفَتِهِ، مُسْتَنِيرَةً عُيُونُ أَذْهَانِكُمْ، لِتَعْلَمُوا مَا هُوَ رَجَاءُ دَعْوَتِهِ، وَمَا هُوَ غِنَى مَجْدِ مِيرَاثِهِ فِي الْقِدِّيسِينَ، وَمَا هِيَ عَظَمَةُ قُدْرَتِهِ الْفَائِقَةُ نَحْوَنَا نَحْنُ الْمُؤْمِنِينَ، حَسَبَ عَمَلِ شِدَّةِ قُوَّتِهِ الَّذِي عَمِلَهُ فِي الْمَسِيحِ، إِذْ أَقَامَهُ مِنَ الأَمْوَاتِ، وَأَجْلَسَهُ عَنْ يَمِينِهِ فِي السَّمَاوِيَّاتِ**» .

ولا تجيء استنارة أذهاننا من دراسة عقلية، لكن من الروح القدس، فهو الذي ينير عيون قلوبنا لندرك حقيقتين متداخلتين،

أولاهما أن سلطان المسيح يسود الآن على العالم، وثانيتهما أن القدرة الفائقة التي أقامت المسيح من الأموات تعمل فينا نحن الذين نؤمن.

وينبر الرسول بولس في (١كورنثوس ٢ : ٧، ٨) على هاتين الحقيقتين كعطية من الروح القدس، فيقول: «**بَلْ نَتَكَلَّمُ بِحِكْمَةِ اللهِ فِي سِرٍّ: الْحِكْمَةِ الْمَكْتُومَةِ الَّتِي سَبَقَ اللهُ فَعَيَّنَهَا قَبْلَ الدُّهُورِ لِمَجْدِنَا، الَّتِي لَمْ يَعْلَمْهَا أَحَدٌ مِنْ عُظَمَاءِ هَذَا الدَّهْرِ. لأَنْ لَوْ عَرَفُوا لَمَا صَلَبُوا رَبَّ الْمَجْدِ**». هذا السر والحكمة المكتومة تعلن أن المسيح «**رَبَّ الْمَجْدِ**» الذي يمجدنا ويمنحنا أن نتمتع بمجده «**كَمَا هُوَ مَكْتُوبٌ: مَا لَمْ تَرَ عَيْنٌ، وَلَمْ تَسْمَعْ أُذُنٌ، وَلَمْ يَخْطُرْ عَلَى بَالِ إِنْسَانٍ: مَا أَعَدَّهُ اللهُ لِلَّذِينَ يُحِبُّونَهُ، فَأَعْلَنَهُ اللهُ لَنَا نَحْنُ بِرُوحِهِ. لأَنَّ الرُّوحَ يَفْحَصُ كُلَّ شَيْءٍ حَتَّى أَعْمَاقَ اللهِ**» (١كورنثوس ٢ : ٩، ١٠). فليست هذه المعرفة والحكمة جسدية نابعة من إبداع الإنسان وتفكيره، لكن من الاستنارة التي يمنحها الروح القدس.

ويلخص الرسول بولس الموقف في (١كورنثوس ٢ : ١٢) فيقول: «**وَنَحْنُ لَمْ نَأْخُذْ رُوحَ الْعَالَمِ، بَلِ الرُّوحَ الَّذِي مِنَ اللهِ، لِنَعْرِفَ الأَشْيَاءَ الْمَوْهُوبَةَ لَنَا مِنَ اللهِ**». ومكانتنا في المسيح الجالس عن يمين الآب هي من هذه الأشياء الموهوبة. ويُفرِّق الرسول بين نوعين من مصادر المعرفة: «**رُوحِ الْعَالَمِ**» الذي يرينا أمور العالم فنفهم

مسئوليات جنسيتنا الأرضية وامتيازاتها. أما «**الرُّوح الَّذي مِنَ اللّه**» فيشرح لنا ملكوت الله ومكانتنا فيه فندرك مسئولياتنا وامتيازاتنا كمواطنين سماويين.

فإذا شعرنا يوماً أن مكانة المسيح على العرش تبدو بعيدة أو غير حقيقية، فسبب ذلك أننا لم نقبل إعلان الكتاب المقدس عن الروح القدس، فبدون هذا الإعلان لا نفهم امتيازات مواطنتنا السماوية ولا نتمتع بها، وبدل أن نعيش ونملك كملوك نجد أنفسنا نعمل كعبيد.

من عبيد إلى ملوك

منذ البدء قصد الله أن يشرك الإنسان في سلطانه على العالم، فقال في (تكوين ١ : ٢٦) «**نَعْمَلُ الإِنْسَانَ عَلَى صُورَتِنَا كَشَبَهِنَا، فَيَتَسَلَّطُونَ عَلَى سَمَكِ الْبَحْرِ، وَعَلَى طَيْرِ السَّمَاءِ، وَعَلَى الْبَهَائِمِ، وَعَلَى كُلِّ الأَرْضِ، وَعَلَى جَمِيعِ الدَّبَّابَاتِ الَّتِي تَدِبُّ عَلَى الأَرْضِ**». ولكن آدم خسر هذا الامتياز بسبب عصيانه، وبدل أن يعيش في سلطان الملوك صار عبداً للخطية والشيطان.

على أن المسيح أعاد لنا السلطان الذي ضيَّعه آدم «**لأَنَّهُ إِنْ كَانَ بِخَطِيَّةِ الْوَاحِدِ قَدْ مَلَكَ الْمَوْتُ بِالْوَاحِدِ، فَبِالأَوْلَى كَثِيراً الَّذِينَ يَنَالُونَ فَيْضَ النِّعْمَةِ وَعَطِيَّةَ الْبِرِّ سَيَمْلِكُونَ فِي الْحَيَاةِ بِالْوَاحِدِ يَسُوعَ الْمَسِيحِ**» (رومية ٥ : ١٧). ونستطيع أن نرى آثار عصيان آدم وآثار طاعة

المسيح في هذه الحياة إذ يملك الموت على غير المؤمنين، بينما يملك المؤمنون في هذه الحياة بالمسيح، وباتحادهم بالمسيح يكونون قد قاموا ليشتركوا معه في مجده وسلطانه منذ الآن.

ويكشف الفداء الإلهي هدف الله من خلق الإنسان، فإن الفداء يحرر الإنسان من حالة العبودية ويعيده إلى حالة السلطان، وهذا ما فعله الله مع بني إسرائيل المستعبَدين في مصر، إذ حررهم وقال لهم «**وَأَنْتُمْ تَكُونُونَ لِي مَمْلَكَةَ كَهَنَةٍ وَأُمَّةً مُقَدَّسَةً**» (خروج ١٩ : ٦) وهذا يعني إعادتهم إلى مكانتهم التي قصدها لهم. كانوا عبيداً فصاروا أحراراً، يخدمون ككهنة ويملكون كملوك! وسنتأمل في هذا الكتاب بعض الشخصيات من قديسي بني إسرائيل العظماء كدانيال الذي احتل مكانة سامية. على أن أغلبية بني إسرائيل فشلوا في قبول وعود الله ونعمته.

ويعيد الله الدعوة في العهد الجديد للمفديين بالمسيح، فيدعوهم في (١بطرس ٢ :٥) «**كَهَنُوتاً مُقَدَّساً**» مسئوليتهم «**تَقْدِيمِ ذَبَائِحَ رُوحِيَّةٍ مَقْبُولَةٍ عِنْدَ اللهِ بِيَسُوعَ الْمَسِيحِ**». وهذه الذبائح هي التسبيح والصلوات. وفي (١بطرس ٢ : ٩) يدعوهم «**كَهَنُوتٌ مُلُوكِيٌّ**» وهو نفس وصف (خروج ١٩ : ٦) لهم «**مَمْلَكَةَ كَهَنَةٍ**».

ويستخدم (رؤيا ١ : ٥، ٦) هذا الوصف للمؤمنين المفديين إذ يقول: «**الَّذِي أَحَبَّنَا، وَقَدْ غَسَّلَنَا مِنْ خَطَايَانَا بِدَمِهِ، وَجَعَلَنَا مُلُوكاً**

وَكَهَنَةً للّهِ أَبِيه». ويتكرر القول في (رؤيا ٥ :٩، ١٠) «**اشْتَرَيْتَنَا للّهِ بِدَمِكَ مِنْ كُلِّ قَبِيلَةٍ وَلِسَانٍ وَشَعْبٍ وَأُمَّةٍ**». فيذكر الكتاب المقدس أربع مرات (مرة في العهد القديم، وثلاث مرات في العهد الجديد) أن الله يريد أن يكون شعبه المفدي «**مَمْلَكَةَ كَهَنَة**». وفي المرات الثلاث في العهد الجديد يقدم لنا الفكرة لا كأمر قادم في المستقبل، بل كحاضر نملكه الآن بفضل مكانتنا في المسيح.

نملك بالصلاة

يذكر داود في (مزمور ١١٠ : ١-٤) أن المسيح يملك على شعبه كملك وكاهن معاً، ويستحق الأمر أن نتأمله ملياً، ونقارن هذا النص بنصوص كتابية أخرى.

نرى أولاً المسيح الملك الجالس عن يمين الآب: «**قَالَ الرَّبُّ لِرَبِّي: اجْلِسْ عَنْ يَمِينِي حَتَّى أَضَعَ أَعْدَاءَكَ مَوْطِئاً لِقَدَمَيْكَ**». وقد اقتُبس هذا النص أكثر من غيره في العهد الجديد، فقد اقتبسه المسيح عن نفسه (في متى ٢٢ : ٤٤ ومرقس١٢ : ٣٦ ولوقا ٢٠ : ٤٢، ٤٣). واقتبسه بطرس وهو يعظ عن المسيح يوم الخمسين في (أعمال ٢ : ٣٤، ٣٥). وقد ذكر داود أن المسيح ملك في (مزمور ٢ : ٦) حيث يعلن الآب «**أَمَّا أَنَا فَقَدْ مَسَحْتُ مَلِكِي عَلَى صِهْيَوْنَ جَبَلِ قُدْسِي**».

وفي (مزمور ١١٠ : ٤) يقدم داود المسيح لنا ككاهن فيقول: «**أَقْسَمَ الرَّبُّ وَلَنْ يَنْدَمَ: أَنْتَ كَاهِنٌ إِلَى الأَبَدِ عَلَى رُتْبَةِ مَلْكِي صَادِقَ**». ويبني الوحي ما جاء في رسالة العبرانيين بخصوص المسيح الكاهن على هذه الآية، فقد حمل ملكي صادق لقبي الملك والكاهن، فقد كان «**كَاهِنَ اللهِ الْعَلِيِّ**» ومعنى اسمه «**مَلِكَ الْبِرِّ**» ثُمَّ أَيْضاً «**مَلِكَ السَّلاَمِ**».

ويقوم المسيح بعمل الملك والكاهن، فهو كملك يحكم، وككاهن يشفع «**إِذْ هُوَ حَيٌّ فِي كُلِّ حِينٍ لِيَشْفَعَ فِيهِمْ**» (عبرانيين ٧ : ٢٥).

ويوضح لنا (مزمور ١١٠ : ٢) كيف يمارس المسيح سلطانه الملوكي فيقول: «**يُرْسِلُ الرَّبُّ قَضِيبَ عِزِّكَ مِنْ صِهْيَوْنَ. تَسَلَّطْ فِي وَسَطِ أَعْدَائِكَ**». وهذه حالة العالم اليوم، إذ لم يخضع أعداء المسيح له بعد، فإنهم يقاومون سلطانه، لكنه «**مُتَسَلطٌ فِي وَسَطِ أَعْدائِهِ**».

وتحدث داود عن «**قَضَيبُ عَزَهْ**» أي صولجان قوته، فالصولجان رمز السلطان. وبسلطان الصولجان (العصا) جلب موسى الضربات على فرعون، وانشقت مياه البحر الأحمر أمام شعب إسرائيل (خروج أصحاحات ٧-١٤). وكُتب اسم هارون على عصاه كرئيس كهنة لسبط لاوي (عدد ١٧ : ٣). وسلطان المسيح كائن في اسمه.

وفي تصوير داود لا يمتد الصولجان (العصا) من يد المسيح، لكن «يُرْسِلُ الرَّبُّ قَضِيبَ عِزِّكَ مِنْ صِهْيَوْنَ» فصهيون مكان اجتماع شعب الله. ويقول كاتب العبرانيين: «بَلْ قَدْ أَتَيْتُمْ إِلَى جَبَلِ صِهْيَوْنَ، وَإِلَى.. كَنِيسَةِ أَبْكَارٍ مَكْتُوبِينَ فِي السَّمَاوَاتِ» (عبرانيين ١٢ : ٢٢، ٢٣). فنحن نحتل مكاننا في كنيسة جبل صهيون بسلطان جنسيتنا السماوية. وهكذا نلعب دورنا في خدمة المسيح المزدوجة: المُلك والكهنوت. كملوك نملك، وككهنة نصلّي، دون أن نترك إحدى الخدمتين. فإن كنا نملك كملوك إلا أننا نخدم ككهنة. وكلما خدمنا ملَكْنا، فبالصلاة نمارس سلطاننا الممنوح لنا في اسم يسوع.

وما أروع تصوير داود لخدمة الصلاة، فإن قوات العالم ترفض سلطان المسيح وتقاوم عمل ملكوته، لكن المؤمنين يجتمعون كملوك وكهنة «فِي وَسَطِ أَعْدَائِكَ» (مزمور ١١٠ : ٢) وعندها «يُرْسِلُ الرَّبُّ قَضِيبَ عِزِّكَ» فيستسلم الأعداء، ويتمجد المسيح ويمتد ملكوته.

ويتطلع المؤمنون إلى اليوم الذي فيه يخضع أعداء المسيح له نهائياً، ويعترفون بمُلكه الذي يقول الكتاب المقدس إنه لابد آتٍ يوماً ما. وإلى أن يجيء هذا اليوم لا يجب أن ننسى حقيقة أن المسيح جالس عن يمين الآب، فهو الآن متسلط «فِي وَسَطِ أَعْدَائِكَ» وسنملك معه. ومن امتيازاتنا أن نمارس سلطاننا في اسمه ونحن نواجه قوات الشر فنبرهن أنه «رَبُّ الأَرْبَابِ وَمَلِكُ الْمُلُوكِ» (رؤيا ١٧ : ١٤).

الفصل الثالث

الصلاة لأجل حكومتنا

المسيح هو «**رَبُّ الأَرْبَابِ وَمَلِكُ الْمُلُوكِ**» (رؤيا ١٧ : ١٤) فهو يحكم حكام العالم ويسود فوق سادة الأرض، وسلطانه على كل الحكومات الأرضية ممنوحٌ بسلطان اسمه للكنيسة التي تجمع شعبه المؤمن به. وكما مدَّ موسى عصاه على مصر نيابة عن الله، تمد الكنيسة بصلاتها سلطان المسيح على الأمم وحاكميها.

الله يريد حكومة صالحة

في رسالة تيموثاوس الأولى أوصى الرسول بولس تلميذه أن ينتبه لإدارة الكنيسة المحلية التي يدعوها «**بَيْتَ اللهِ**» (١ تيموثاوس ٣ : ١٤، ١٥). ويقدم الرسول بولس نصائحه بخصوص خدمة الصلاة بالكنيسة، فيقول:

«**فَأَطْلُبُ أَوَّلَ كُلِّ شَيْءٍ أَنْ تُقَامَ طِلْبَاتٌ وَصَلَوَاتٌ وَابْتِهَالاَتٌ وَتَشَكُّرَاتٌ لأَجْلِ جَمِيعِ النَّاسِ، لأَجْلِ الْمُلُوكِ وَجَمِيعِ الَّذِينَ هُمْ فِي**

مَنْصِبٍ، لِكَيْ نَقْضِيَ حَيَاةً مُطْمَئِنَّةً هَادِئَةً فِي كُلِّ تَقْوَى وَوَقَارٍ، لأَنَّ هَذَا حَسَنٌ وَمَقْبُولٌ لَدَى مُخَلِّصِنَا اللهِ، الَّذِي يُرِيدُ أَنَّ جَمِيعَ النَّاسِ يَخْلُصُونَ، وَإِلَى مَعْرِفَةِ الْحَقِّ يُقْبِلُونَ» (١ تيموثاوس ٢ : ١-٤).

يطلب بولس: «**أَوَّلَ كُلِّ شَيْءٍ أَنْ تُقَامَ طِلْبَاتٌ وَصَلَوَاتٌ وَابْتِهَالاَتٌ وَتَشَكُّرَاتٌ**». فالصلاة هي الأولوية الأولى، وعلى المؤمنين أن يمارسوا الصلاة كلما اجتمعوا معاً.

ويقول بولس في الآية الثانية إن الصلاة يجب أن تُقام لأجل «**جَمِيعِ النَّاسِ**» وهذا تحقيق لنبوة (إشعياء ٥٦ : ٧) القائلة «**بَيْتِي بَيْتَ الصَّلاَةِ يُدْعَى لِكُلِّ الشُّعُوبِ**» فالله منشغل بكل الناس وكل الشعوب، ويريد من شعبه أن ينشغل بالناس كما ينشغل هو. قارن هذا بصلوات بعض المؤمنين الذين يركزون على أنفسهم واحتياجاتهم، الذين صلى أحدهم قائلاً: «يا رب باركني وبارك زوجتي. بارك ابني جون وزوجته. باركنا نحن الأربعة.. وكفى!».

بعد ذكر جميع الناس يخصص الصلاة «**لأَجْلِ الْمُلُوكِ وَجَمِيعِ الَّذِينَ هُمْ فِي مَنْصِبٍ**». ولما كانت أنظمة الحكم في بعض البلاد غير ملكية فإن ذكر «**جَمِيعِ الَّذِينَ هُمْ فِي مَنْصِبٍ**» يعني كل مسئول في الحكومة.

وهكذا نرى أن الاهتمام الأول في اجتماعات الصلاة يكون بالحكام. ولكني وجدت أن آخر ما يهتم معظم المؤمنين بالصلاة

لأجله هو «**الَّذِينَ هُمْ فِي مَنْصِبٍ**» بل إن البعض لا يذكرهم بالمرة. إنهم لا ينسون المرضى والمأسورين والوعاظ والمرسَلين والخطاة ـ كل هؤلاء ما عدا الذين يعطيهم الله الأولوية. وبعض المؤمنين يصلون لأجل حكوماتهم مرة واحدة في الأسبوع.

فما الذي يجب أن نطلبه «**لأَجْلِ الْمُلُوكِ وَجَمِيعِ الَّذِينَ هُمْ فِي مَنْصِبٍ**»؟.. «**لِكَيْ نَقْضِيَ حَيَاةً مُطْمَئِنَّةً هَادِئَةً فِي كُلِّ تَقْوَى وَوَقَارٍ**». فهل تؤثر الحكومة في حياة الشعوب؟.. نعم! فإن أردنا حياة هانئة يجب أن نصلي من أجل حكومة بلادنا.

شعرت بهذا وأنا أطلب التجنُّس بالجنسية الأمريكية، فقد طُلب مني (كما يُطلب من كل طالب للجنسية الأمريكية) أن أدرس دستور أمريكا. وعندما بدأت الدراسة سألت نفسي: ماذا كان هدف واضعي هذا الدستور؟ وجدت أن ما قاله بولس يجاوب على سؤالي هذا: «**لِكَيْ نَقْضِيَ حَيَاةً مُطْمَئِنَّةً هَادِئَةً فِي كُلِّ تَقْوَى وَوَقَارٍ**». لقد كان هدف واضعي الدستور أن يكون كل مواطن حراً لتحقيق آماله المشروعة بدون تدخل من الجيران أو الحكومة، بل بحماية من الحكومة ورجالها. وواضح أن هذا لن يتحقق إلا تحت عناية الله القدير. وعلى كل مؤمن أن يشكر الله على دستور بلاده إن كان متفقاً مع إرادة الله الصالحة.

ويمضي بولس في (١تيموثاوس ٢ : ٣) ليقول «**لأَنَّ هَذَا حَسَنٌ وَمَقْبُولٌ لَدَى مُخَلِّصِنَا اللهِ**». وكلمة «**هَذَا**» تلخص حال «الحكومة الصالحة» وكأن الرسول يقول: «**الحكومة الصالحة حسنة ومقبولة لدى مخلصنا الله، وهي ما يريده الله**».

هنا عبارة غاية في التأثير البعيد، فهل حقاً نؤمن بما تقوله؟.. إذا سألنا معظم المؤمنين سنجد أنهم لا يتوقعون خيراً من حكوماتهم، بل إنهم سيقولون إن الحكومة تنقصها الكفاءة، وهي مسرفة، استبدادية، فاسدة، ظالمة. وقد قمتُ بدراسة الأمر بعناية ولمدة طويلة لأعرف إرادة الله في نور المنطق والكتاب المقدس، ووجدت أن إرادة الله أن تكون حكومتنا صالحة.

لماذا يريد الله أن تكون الحكومة صالحة

يوضح لنا الرسول بولس في (١تيموثاوس ٢ : ٤) أسباب رغبة الله في أن تكون لنا حكومة صالحة، وهي أنه «**يُرِيدُ أَنَّ جَمِيعَ النَّاسِ يَخْلُصُونَ، وَإِلَى مَعْرِفَةِ الْحَقِّ يُقْبِلُونَ**». ولما كانت رغبة الله القوية أن يخلص الناس فقد بذل المسيح مصلوباً لكي لا يهلك كل من يؤمن به. ولكي يخلُصوا ينبغي أن يعرفوا الحق عن كفارة المسيح، وهذا لا يتأتّى إلا إذا وعظهم شخص بالإنجيل.

ويقول بولس في (رومية ١٠ : ١٣ ، ١٤) «**لأَنَّ كُلَّ مَنْ يَدْعُو بِاسْمِ الرَّبِّ يَخْلُصُ. فَكَيْفَ يَدْعُونَ بِمَنْ لَمْ يُؤْمِنُوا بِهِ؟ وَكَيْفَ يُؤْمِنُونَ بِمَنْ لَمْ يَسْمَعُوا بِهِ؟ وَكَيْفَ يَسْمَعُونَ بِلاَ كَارِزٍ؟**». فما لم يكرز أحدٌ بالإنجيل لن يعرف الناس عن الخلاص الذي اشتراه المسيح لهم بكفارته.

وتلخيصاً لهذا كله نقول إن الله يريد خلاص جميع الناس بعد أن يعرفوا الحق الذي يصلهم عن طريق الوعظ، لذلك يطلب الله من الجميع أن يكرزوا بالإنجيل للجميع.

ولكن ما هي علاقة الحكومة الصالحة بخلاص الناس؟.. الحكومة الصالحة تشجع الكرازة، والطالحة تعطلها. الصالحة تحرص على القانون والنظام، وتُبقي خطوط الاتصال، وتمنح الحرية لمواطنيها، وتسمح بحرية الوعظ والتعليم. وهي الحكومة التي لا تتورط في المجادلات الدينية، وتهيىء الجو الذي ينتشر فيه الإنجيل بفاعلية.

أما الحكومة الشريرة فلا يعنيها حفظ القانون والنظام، ولا تهتم بسلامة المسافرين والمتكلمين، وتضع القيود الظالمة على مواطنيها، فتعطل الكرازة. وهي تحجُر على حرية الناس في الإيمان بالله، وتمنع عبادتهم العلنية وإعلانهم للإنجيل.

فالحكومة الصالحة تسهِّل الكرازة بالإنجيل، بينما الشريرة تمنعه. لهذا يريد الله أن تكون حكومتنا صالحة.

والآن دعونا نقدم (١تيموثاوس ٢ : ١-٤) في نقاط مختصرة منطقية:

١- الاهتمام الأول للمؤمن في وجوده مع إخوته المؤمنين هو أن يصلي.

٢- أول موضوع للصلاة هو أن تكون الكنيسة ناجحة.

٣- يجب أن نصلي ليقيم الله حكومة صالحة.

٤- يريد الله أن يصل حق الإنجيل لجميع الناس.

٥- الحكومة الصالحة تسهِّل الكرازة بالإنجيل، بينما الحكومة الشريرة تمنعه.

٦- لهذا فإن الله يريد حكومة صالحة.

صلاة عارفي إرادة الله

العبارة (رقم ٦) أعلاه توضح نتيجة الصلاة. وهدف صلاتنا أن نعرف إرادة الله. فإن كنا نطلب إرادة الله في صلواتنا نعلم أنه سيمنحنا ما نطلبه. أما إن لم نعرف إرادة الله فستكون صلواتنا مترددة وبلا تأثير. ويؤكد الرسول يعقوب أن صلاة المرتاب المتردد لا تُستجاب، فيقول في (يعقوب ١ : ٦، ٧) «**لأَنَّ الْمُرْتَابَ يُشْبِهُ**

٢- إن كنا نعلم أن الله يسمع لنا نتأكد أننا سننال ما نطلبه، ولو أن هذا لا يعني أننا سنحصل عليه فوراً.

ولكي ندرك أننا نقدر أن نبارك حكومتنا نحتاج إلى ربط ما جاء في (يوحنا الأولى ٥) مع ما قاله بولس لتيموثاوس، فتكون النتيجة كالآتي:

١- إن كنا نصلي من أجل شيء نعلم أنه بحسب إرادة الله، نثق أن الله سيعطيه لنا.

٢- الله يريد أن تكون حكومتنا صالحة.

٣- إن عرفنا هذا وصلينا لتكون لنا حكومة صالحة، نثق أن الله سيمنحنا حكومة صالحة.

فلماذا نجد معظم المؤمنين لا يثقون بالحكومة أنها صالحة؟ هناك سببان لذلك: إما أنهم لم يصلّوا أبداً لتكون حكومتهم صالحة، أو أنهم يصلّون من أجل حكومة صالحة دون أن يعرفوا أن هذا ما يريده الله.

ولقد لاحظتُ في حياتي اليومية صدق ما قاله الكتاب المقدس فمعظم المؤمنين لا يصلّون بجدّية لتكون لهم حكومة صا أما القليلون الذين يطلبون من الله حكومة صالحة فيطلب أن يدركوا أن الله يريد أن تكون حكومتهم صالحة.. و

السبب، فالنتيجة واحدة: لقد أراد الله أن تكون لنا حكومة صالحة، ولكن المؤمنين لا يمارسون السلطان الممنوح لهم من الله، فيقصّرون نحو الله ونحو دولهم.

لقد نشأت في إنجلترا، ويصدمني ما اعتاد الأمريكيون أن يقولوه عن رجال حكومتهم، فأنا لا أذكر أية دولة أوروبية يسمح شعوبها لأنفسهم أن يتكلموا عن رجال حكومتهم بعدم احترام وبسخرية كما يفعل الأمريكيون. فالمضحك أن الأمريكيين ينتخبون من يحكمون بلادهم، فانتقادهم لحكامهم هو في الحقيقة انتقاد للذين انتخبوهم، لأن الشعب يملك أن ينتخب رجالاً غير الذين يتولون السلطة، إن أراد ذلك. وهذا انتقاد أكبر للمؤمنين الذين يعيشون في مثل هذه الديمقراطية، لأن لديهم سلطان الصلاة الممنوح لهم من الله ليغيّر مَن يعتقدون أنهم حكام غير صالحين أو ما يعتقدون أنها سياسات خاطئة.

والحقيقة هي أن الله لا يريد أن ينتقد المسيحيون الحقيقيون حكوماتهم، لكنه يريدهم أن يصلّوا من أجلها. وليس من حق الذين لا يصلون من أجل حكوماتهم أن ينتقدوها. بل إن كبار رجال الدولة أكثر أمانة لمسئولياتهم الدنيوية من أمانة كثيرين من المؤمنين لحياتهم الروحية.. وكلما زادت صلوات المؤمنين من أجل حكوماتهم قلَّ انتقادهم لتلك الحكومات.

وأعتقد أن أساس مشكلة المؤمنين لا يكمن في ضعف إرادتهم، بل في نقص معرفتهم. وباختصار: يريد الرب لنا حكومات صالحة، فعلى المسيحيين الحقيقيين أن يرفعوا في صلواتهم «جَمِيعِ الَّذِينَ هُمْ فِي مَنْصِبٍ».

الفصل الرابع
الحكام وكلاء اللّه

يطمح كل البشر في ميدان السياسة وفي كل ميادين الحياة في الترقي، ولو أن قليلين يسألون: من أين يأتي الترقي؟ وما هي القوة التي ترفع البعض إلى أماكن السلطان، وتهبط بغيرهم من مثل هذه الأماكن؟

يأتي الترقي من عند الرب

يعالج مزمور ٧٥ هذا الموضوع، فيقول:

«**قُلْتُ لِلْمُفْتَخِرِينَ: لاَ تَفْتَخِرُوا، وَلِلأَشْرَارِ: لاَ تَرْفَعُوا قَرْناً. لاَ تَرْفَعُوا إِلَى الْعُلَى قَرْنَكُمْ. لاَ تَتَكَلَّمُوا بِعُنُقٍ مُتَصَلِّبٍ. لأَنَّهُ لاَ مِنَ الْمَشْرِقِ وَلاَ مِنَ الْمَغْرِبِ وَلاَ مِنْ بَرِّيَّةِ الْجِبَالِ، وَلَكِنَّ اللهَ هُوَ الْقَاضِي. هَذَا يَضَعُهُ وَهَذَا يَرْفَعُهُ**».

يبدأ المرنم بتحذير الناس من الثقة بالنفس ومن الكبرياء، فرَفْع القرن يعني الرغبة في العظمة الشخصية، والكلام بعُنُق متصلّب

يعني الفخر بتأكيد الذات.. وهذا كله لا يؤدي إلى الترقي، فالترقية لا تأتي من صُنع البشر. ويمكن أن نقول إن الشرق والغرب والجنوب تمثل المصادر التي يظن الناس أنهم يجدون فيها الترقية السياسية من ثراء، وعِلم، ومركز اجتماعي، وعلاقات بالكبراء، وقوة عسكرية. فالذين يفتشون على الترقي في مثل هذه يفتخرون بالباطل. الترقي الحقيقي يجيء من عند الله، فهو الذي يضع وهو الذي يرفع.

ودراسة سجل رؤساء أمريكا تؤكد أن مصدر السلطان السياسي جاءهم من خارجهم، وقد كتب الرئيس جون كنيدي:

«تؤكد الرؤية الحصيفة لطبيعة الحُكم في تاريخنا أنه لا توجد تدريبات تساعد على الوصول إلى الرئاسة، ولا يوجد نوع معين من حقول المعرفة يؤدي إليها، ولا تتوافر القيادات العظيمة في أماكن خاصة ولا بين عيّنات خاصة من أناس في مجتمعنا. فما كان هناك تسعة من أعظم رؤساء أمريكا لم يدرسوا في جامعة، كان هناك أيضاً توماس جيفرسون أعظم علماء عصره، ووودرو ولسن رئيس جامعة برنستون. ومن رؤسائنا محامون وجنود ومدرسون، وكان أحدهم مهندساً وآخر صحفياً. جاء بعضهم من أغنى عائلات بلادنا، وكان بعضهم من عائلات فقيرة وعادية. وقد تميَّز بعضهم بقدرات باهرة وأخلاق عظيمة، بينما لم يقدر بعضهم أن يكون

على مستوى مطالب الوظيفة ، ولكن البعض أحرزوا أكثر مما كان متوقعاً منهم » .

فإذا تأملنا سجلات ملوك بني إسرائيل نرى أن داود كان أعظم ملوكهم على الإطلاق ، وقد بدأ حياته راعي غنم فقيراً ولكنه أنهى عمره ملكاً على مملكة قوية . وقد اختلف عن كثيرين في أنه عرف مصدر نجاحه ، فصلى قرب نهاية حياته قائلاً : «الْغِنَى وَالْكَرَامَةُ مِنْ لَدُنْكَ، وَأَنْتَ تَتَسَلَّطُ عَلَى الْجَمِيعِ، وَبِيَدِكَ الْقُوَّةُ وَالْجَبَرُوتُ، وَبِيَدِكَ تَعْظِيمُ وَتَشْدِيدُ الْجَمِيعِ» (١ أخبار ٢٩ : ١٢) . فما أحكم وأسعد الحاكم الذي يعترف بالمصدر الحقيقي لقوته .

وكان دانيال شخصاً آخر عرف مصدر قوته السياسية ، فعندما تحداه الملك نبوخذنصر أن يذكر الحلم الذي رآه الملك ويفسره له ، طلب هو وأصحابه إرشاد الله بالصلاة ، فأجابهم الرب (دانيال ٢ : ١٧-١٩) فرفع دانيال صلاة شكر ، قال :

«لِيَكُنِ اسْمُ اللهِ مُبَارَكاً مِنَ الأَزَلِ وَإِلَى الأَبَدِ، لأَنَّ لَهُ الْحِكْمَةَ وَالْجَبَرُوتَ. وَهُوَ يُغَيِّرُ الأَوْقَاتَ وَالأَزْمِنَةَ. يَعْزِلُ مُلُوكاً وَيُنَصِّبُ مُلُوكاً. يُعْطِي الْحُكَمَاءَ حِكْمَةً وَيُعَلِّمُ الْعَارِفِينَ فَهْماً» (دانيال ٢ : ٢٠، ٢١)

ويذكر الأصحاح الرابع أن النبي دانيال دُعي ليفسر حلماً للملك نبوخذنصر ، فقال للملك :

«هَذَا الأَمْرُ بِقَضَاءِ السَّاهِرِينَ، وَالْحُكْمُ بِكَلِمَةِ الْقُدُّوسِينَ، لِتَعْلَمَ الأَحْيَاءُ أَنَّ الْعَلِيَّ مُتَسَلِّطٌ فِي مَمْلَكَةِ النَّاسِ، فَيُعْطِيهَا مَنْ يَشَاءُ وَيُنَصِّبُ عَلَيْهَا أَدْنَى النَّاسِ» (دانيال ٤ : ١٧).

يريد الله من البشر أن يدركوا أنه هو الحاكم في كل أمورهم، وأنهم يتولون الحكم بقضائه وحده. بل إنه يولّي أحياناً أدنى الناس!

كيف يستخدم الله الحكام الأرضيين

لماذا يُنصّب الله أحياناً أدنى الناس ليحكموا؟ الإجابة موجودة في حالة الملك نبوخذنصر، فإن الله يستخدم الحكام الأرضيين كآلات لتأديب شعبه، فعندما انحرف بنو إسرائيل عن عبادة الله وظلموا بعضهم بعضاً حذّرهم الله كثيراً ولم يطيعوا، فسلّط عليهم نبوخذنصر الحاكم الوثني القاسي، فجاء عليهم بعقاب متزايدٍ في الشدة، بدأ بسبي كثيرين منهم إلى بابل ووضع بلادهم تحت الجزية، وأخيراً تدمرت أورشليم وهيكلها، وسُبي بنو إسرائيل من وطنهم. فبالرغم من دناءة نبوخذنصر استخدمه الله ليوقع العقاب على الأمة اليهودية العاصية المرتدة.

على أننا نرى قوة الله ونعمته تُغيّر نبوخذنصر من آلة عقاب إلى آلة رحمة، فعندما رفع دانيال وأصحابه الصلاة المخلصة غيَّر الله قلب نبوخذنصر، وأعطى دانيال نعمة في عينيه فرفع دانيال

وأصحابه إلى قمة السلطة، فصار الفتية الثلاثة حكام ثلاثة أقاليم بابلية، بينما صار دانيال رئيساً لكل وزراء بابل، وهي وظيفة تجيء بعد وظيفة الملك نبوخذنصر مباشرة. وكان تغيير موقف الملك من بني إسرائيل استجابة لصلوات دانيال وأصحابه.

وما جرى لدانيال، ومن قبله للملك داود يرينا كيف يرفع الرب شخصاً من بداية متواضعة إلى مركز قوة سياسية عظيم. لقد بدأ دانيال حياته مسبياً إلى بابل، ولكنه وصل إلى مرتبة رئيس وزراء في وقت قصير. وحتى بعد انهيار المملكة البابلية كان يحتل مكانة بارزة، وكان له تأثيره القوي في مملكة مادي وفارس تحت قيادة داريوس وكورش.

ونحصل من قراءة (دانيال ٦) على فكرة عن حياة صلاة دانيال التي كانت معروفة عنه في البلاط الفارسي. وقد حسده منافسوه ووجدوا في حياة صلاته ما يشتكون به عليه، فطلبوا من داريوس توقيع أمر بأن من يطلب طلباً من غير داريوس خلال مدة شهر يُحكم عليه بالموت بإلقائه في جب الأسود. ونجد رد دانيال في آية ١٠ حيث يقول: «**فَلَمَّا عَلِمَ دَانِيآلُ بِإِمْضَاءِ الْكِتَابَةِ، ذَهَبَ إِلَى بَيْتِهِ وَكُواهُ مَفْتُوحَةٌ فِي عُلِّيَّتِهِ نَحْوَ أُورُشَلِيمَ، فَجَثَا عَلَى رُكْبَتَيْهِ ثَلاَثَ مَرَّاتٍ فِي الْيَوْمِ، وَصَلَّى وَحَمَدَ قُدَّامَ إِلهِهِ، كَمَا كَانَ يَفْعَلُ قَبْلَ ذلِكَ**».

فياله من درس في الصلاة نتعلمه من دانيال ! ويا له من تكريس ويا له من إصرار ! لقد وجَّه وجهه صوب أورشليم ثلاث مرات يومياً وطلب سلامة المدينة وعودة مسبييها إليها، وكان مصرّاً على الصلاة لأجل شعبه بالرغم من كل المخاطر التي تحيط بذلك. ويسجل لنا سفر أخبار الأيام الثاني نتيجة صلاة دانيال :

«وَفِي السَّنَةِ الأُولَى لِكُورَشَ مَلِكِ فَارِسَ لأَجْلِ تَكْمِيلِ كَلاَمِ الرَّبِّ بِفَمِ إِرْمِيَا نَبَّهَ الرَّبُّ رُوحَ كُورَشَ مَلِكِ فَارِسَ، فَأَطْلَقَ نِدَاءً فِي كُلِّ مَمْلَكَتِهِ وَكَذَا بِالْكِتَابَةِ قَائِلاً: هكَذَا قَالَ كُورَشُ مَلِكُ فَارِسَ إِنَّ الرَّبَّ إِلهَ السَّمَاءِ قَدْ أَعْطَانِي جَمِيعَ مَمَالِكِ الأَرْضِ، وَهُوَ أَوْصَانِي أَنْ أَبْنِيَ لَهُ بَيْتاً فِي أُورُشَلِيمَ الَّتِي فِي يَهُوذَا. مَنْ مِنْكُمْ مِنْ جَمِيعِ شَعْبِهِ الرَّبُّ إِلهُهُ مَعَهُ وَلْيَصْعَدْ» (٢أخبار أيام ٣٦ : ٢٢ ، ٢٣).

وبهذه الطريقة حقق الله وعوده التي وعد بها على لسان إشعياء (في إشعياء ٤٤ : ٢٦-٢٨) وإرميا (في إرميا ٢٥ : ١١ ، ١٢) برجوع بني إسرائيل من السبي. وهذا نموذج لما يفعله الله من تغيير الحكومات لخير شعبه، فقد عاقب البابليين الذين قاموا (بقيادة ملكهم الذي تلا نبوخذنصر) بمنع رجوع بني إسرائيل إلى أرضهم وبناء هيكلهم، وأقام كورش على مملكة مادي وفارس ليكون أداة الرحمة وعودة الشعب إلى أرضه.

ونرى قوتين روحيتين تعملان من وراء هذه التطورات العظيمة: وعود الله على فم الأنبياء، وصلوات دانيال من أجل شعبه.

ونتعلم بعض المبادئ في معاملات الله مع شعبه من خلال استخدام نبوخذنصر وكورش:

١ـ يستخدم الله الحكام الأرضيين ليحققوا مقاصده في التاريخ، خصوصاً نحو عهوده لشعبه.

٢ـ يُخضِع الله شعبه في يد حكام أشرار لو كان شعبه عصاة متمردين.

٣ـ لو أن شعب الرب تابوا وصلّوا طالبين رحمته فربما يغيِّر الحكومة بطريقة من اثنتين: إما بإزاحة الحاكم الشرير واستبداله بحاكم صالح، أو بتغيير قلب الحاكم الشرير فيصير وسيلة رحمة لا وسيلة عقاب.

«مِنْ أَجْلِكُمْ»

ونرى هذه المبادئ الثلاثة واضحة تاريخياً في العهد القديم، وتؤكدها التعاليم المسيحية في العهد الجديد، فيقول بولس في (٢ كورنثوس ٤: ١٥): «لأَنَّ جَمِيعَ الأَشْيَاءِ هِيَ مِنْ أَجْلِكُمْ». فتعاملات الله مع العالم كله لها هدف واحد سامٍ: هو تحقيق أهدافه

لشعبه المنتمي إليه في المسيح، ففي خلال الألفي عام التي مضت وضع الله عنواناً على كل الأحداث التاريخية أهداه لشعبه يقول: «**لأَنَّ جَمِيعَ الأَشْيَاءِ هِيَ مِنْ أَجْلِكُمْ**».

وقد أوضح الرسول بولس هذا المبدأ في حديثه عن الحكام:

«**لِتَخْضَعْ كُلُّ نَفْسٍ لِلسَّلاَطِينِ الْفَائِقَةِ، لأَنَّهُ لَيْسَ سُلْطَانٌ إِلاَّ مِنَ اللهِ، وَالسَّلاَطِينُ الْكَائِنَةُ هِيَ مُرَتَّبَةٌ مِنَ اللهِ، حَتَّى إِنَّ مَنْ يُقَاوِمُ السُّلْطَانَ يُقَاوِمُ تَرْتِيبَ اللهِ، وَالْمُقَاوِمُونَ سَيَأْخُذُونَ لأَنْفُسِهِمْ دَيْنُونَةً. فَإِنَّ الْحُكَّامَ لَيْسُوا خَوْفاً لِلأَعْمَالِ الصَّالِحَةِ، بَلْ لِلشِّرِّيرَةِ. أَفَتُرِيدُ أَنْ لاَ تَخَافَ السُّلْطَانَ؟ افْعَلِ الصَّلاَحَ فَيَكُونَ لَكَ مَدْحٌ مِنْهُ، لأَنَّهُ خَادِمُ اللهِ لِلصَّلاَحِ! وَلَكِنْ إِنْ فَعَلْتَ الشَّرَّ فَخَفْ، لأَنَّهُ لاَ يَحْمِلُ السَّيْفَ عَبَثاً، إِذْ هُوَ خَادِمُ اللهِ مُنْتَقِمٌ لِلْغَضَبِ مِنَ الَّذِي يَفْعَلُ الشَّرَّ. لِذَلِكَ يَلْزَمُ أَنْ يُخْضَعَ لَهُ، لَيْسَ بِسَبَبِ الْغَضَبِ فَقَطْ، بَلْ أَيْضاً بِسَبَبِ الضَّمِيرِ**» (رومية ١٣ : ١-٥).

ونقتبس من هذه الفقرة الكتابية ثلاث عبارات هامة هي: «**لَيْسَ سُلْطَانٌ إِلاَّ مِنَ اللهِ**».. «**لأَنَّهُ خَادِمُ اللهِ لِلصَّلاَحِ**».. «**هُوَ خَادِمُ اللهِ مُنْتَقِمٌ لِلْغَضَبِ**». وقد وجَّه بولس هذه الأقوال للمؤمنين فقال إن الله يعين الحكام، وإن موقف الحكام من المؤمنين يتوقف على تصرفات المؤمنين، فإن كانوا مطيعين لله وخاضعين لإرادته يكون الحاكم «**خَادِمَ اللهِ لِلصَّلاَحِ**». أما إن كان المؤمنون عصاة لا يسيرون في طرق الله فإن

الحاكم «**هُوَ خَادِمُ اللهِ مُنْتَقِمٌ لِلْغَضَبِ**». وباختصار: يحصل المؤمنون على الحاكم الذي يستحقونه!

فماذا يفعل المؤمنون إن وقعوا تحت حكم شرير؟ ربما يكون الحاكم فيه فاسداً عاجزاً مبذراً، أو ربما يكون قاسياً يضطهد المؤمنين، فماذا يفعلون؟.. تقول كلمة الله إننا لا يجب أن نشكو أو نعصى، لكن يجب أن نصلي من أجل الحاكم. فإذا خضعوا أمام الرب وأطاعوه سيسمع صلاتهم، ومن أجلهم يغيّر الحكومة ليحقق أهدافه الصالحة لخير شعبه.

ما يطلبه الله من الحكام

لما كان في سلطان المؤمنين أنهم يقدرون أن يعيّنوا نوعية حكومتهم استجابة لصلواتهم، فيجب أن يعرفوا نوعية الحكومة التي يطلبونها من الله. فما هي مطالب الله من الحاكم؟ يذكر داود مطالب الله هذه من الحاكم في (٢صموئيل ٢٣ : ٢-٤):

«**رُوحُ الرَّبِّ تَكَلَّمَ بِي، وَكَلِمَتُهُ عَلَى لِسَانِي. قَالَ إِلهُ إِسْرَائِيلَ. إِلَيَّ تَكَلَّمَ صَخْرَةُ إِسْرَائِيلَ. إِذَا تَسَلَّطَ عَلَى النَّاسِ بَارٌّ يَتَسَلَّطُ بِخَوْفِ اللهِ، وَكَنُورِ الصَّبَاحِ إِذَا أَشْرَقَتِ الشَّمْسُ. كَعُشْبٍ مِنَ الأَرْضِ فِي صَبَاحٍ صَحْوٍ مُضِيءٍ بَعْدَ الْمَطَرِ**».

يذكــر هنــا أمريـن مطلوبـين من الحاكـم : أن يكون عـادلاً ، وأن يكون خائف الله . ولا شــك أن في مزمور داود هذا نبوة عن ملكوت المسـيح ، فلا يمكن أن تتحقق كلماته تماماً إلا في المسـيح .. على أن الأمـر واضـح أن الحاكـم يجـب أن يتحلى بهاتـين الصفتين . وعندما يتواجد الحاكم العـادل الذي يخاف الله تتحقق مواعيد الله ، ويكون **«كَنُورِ الصَّبَاحِ إِذَا أَشْرَقَتِ الشَّمْسُ. كَعُشْبٍ مِنَ الأَرْضِ فِي صَبَاحٍ صَحْوٍ مُضِيءٍ بَعْدَ الْمَطَرِ»** .

ومــن يتأمل حـال الحكومات اليوم يرى شـديد احتياجنا لهذين الأمريــن . ونرى فـي إنجلترا وأمريــكا وجود حزبين : فـي بريطانيا العمـال والمحافظون ، وفي أمريكا الحزبـان الجمهوري والديمقراطي . وتختلف الأسماء لكن المواقف الفكرية متشابهة .

ومن المؤسف أن المؤمنين في هاتين الدولتين يتأثرون عاطفياً بسياسة الحزب الذي ينتمون إليه أكثر من تأثرهم بالمطالب السـماوية . ولا يعدنا الله بالبركة إن كنا ننفذ سياسة الحزب الذي ننتمي إليه ، مهما كان اسمه ، ولكنه يعد بالبركة لكل من يمارس العدل في خوف الله . وعلى المؤمنين أن يعطوا أصواتهم للعادل الذي يخاف الله مهما كان اسـم الحزب الذي ينتمي إليه . فإذا تغافل المؤمنون عن هذا يكونون قد طالبوا الله ليجعل من انتخبوه آلة عقاب لهم .

وفي أمريكا عـدد كاف مـن المؤمنين الذيـن يمكـن أن يصوّتوا للعـادل الـذي يخاف الله فينـال منصب الحكم، وهذا ما أشـار إليه واعـظ النهضـات تشارلس فني فـي القرن التاسـع عشـر. وعلى المؤمنين أن يحجبوا أصواتهم عن المرشـح الـذي لا تتوافر فيه هاتان الصفتان اللتان توضحهما كلمة الله. فإذا قام المؤمنون بهذا سـتجد الأحزاب نفسـها مضطرة إلى ترشـيح العادلين الشـرفاء خائفي الله فقط، فيرتفع مستوى أداء الحكومات.

وفي بلاد أخرى حيث يقل عدد المؤمنين لا يوجد مثل هذا الضغط على الأحزاب السياسية، ومع هذا فإن مسئولية المؤمنين أن يصلّوا من أجل حكام بلادهم، وبهذا يمارسون ضغطاً مؤثراً على مجرى سير الحكومات.

الفصل الخامس

رؤية التاريخ وقد شكَّلته الصلاة

لا أعتقد أن قولنا إن الصلاة تشكّل التاريخ هو مجرد وَصْفة، فقد رأيت صدق هذا القول في حالات عديدة، سأذكر في هذا الفصل ثلاث حالات منها، اخترتها من بلاد مختلفة حيث وُجدت عوامل سياسية متنوعة.

الحرب في شمال أفريقيا

قمتُ من عام ١٩٤١-١٩٤٣ بالعمل في مستشفيات الجيش البريطاني في شمال أفريقيا، وكنت أحد العاملين في وحدة طبية صغيرة تخدم قسمين من القوات البريطانية المسلحة، أولهما الكتيبة الأولى وثانيتهما الكتيبة السابعة، وقد اشتهرت الكتيبة السابعة باسم «فئران الصحراء» ورمزها اليربوع الأبيض.

في ذلك الوقت كانت معنويات الجيش البريطاني العامل في الصحراء متدنّية جداً، لأن الجنود لم يكونوا واثقين في ضباطهم. وكان أبي ضابطاً، كما كان أصدقائي الذين نشأتُ معهم من ذات

الخلفية، فأستطيع أن أقول إن ضباط الصحراء كانوا أنانيين غير منضبطين ولا يتحملون المسئولية، وكان همُّهم الأول العناية براحتهم الشخصية، فلم يهتموا بالجنود ولا حتى بسير المعارك.

وأذكر أن أحد الضباط أُصيب بالملاريا فنُقل إلى مستشفى بالقاهرة. وقد طالب أن تكون تحت إمرته في الانتقال سيارة إسعاف بأربعة أسرَّة، وشاحنة تحمل طناً ونصف طن من المعدات وحاجياته الشخصية، وذلك في وقت كنا نعاني فيه من نقص الشاحنات ونقص الوقود الخاص بها، وكانت القيادة تطالبنا بالاقتصاد الشديد. ومن القاهرة تم نقل هذا الضابط إلى بريطانيا (الأمر الذي لم يكن مطلوباً لمريض بالملاريا). وبعد بضعة شهور سمعناه يتحدث في الراديو عن صعوبات الخدمة العسكرية في الصحراء!

في ذلك الوقت كانت أكبر صعوباتنا هي الحصول على الماء، فكان استخدام الماء مقنَّناً، وكنا نحصل عليه في زجاجات مرة كل يومين، لنستخدمه في الشرب والطبخ والاستحمام والحلاقة.. إلخ. ومع ذلك كان الضباط يستهلكون الماء بوفرة.

وكنتيجة لذلك تقهقرت القوات البريطانية ٧٠٠ ميلاً، وهو أطول تقهقر في تاريخها، وكان من طرابلس (ليبيا) إلى العلمين (في مصر)، حيث عسكروا. ولو سقطت العلمين في يد قوات المحور لوقعت مصر كلها في يدهم، ولصارت قناة السويس تحت

إمرتهم، ومنها كانوا يحتلون فلسطين ويوقعون اليهود في ذات المأزق الذي أوقعوهم فيه في أوروبا تحت حكم النازي.

قبل هذه بثمانية عشر شهراً كنت في إحدى غُرَف المعسكرات البريطانية عندما تلقّيت إعلاناً قوياً من المسيح عرفت فيه قدرة الله، ففي الصحراء لا توجد كنيسة تجد فيها الشركة أو النصيحة، وكنت مضطراً أن أعتمد على مصدرين يوفرهما الله لكل مؤمن: الكتاب المقدس، والروح القدس. وكنت قد سبق أن رأيت أهمية الصوم كجزءٍ من الانضباط الإيماني، فأثناء وجودي في الصحراء خصصت يوم الأربعاء من كل أسبوع للصوم والصلاة.

وثقَّل الله على قلبي أن أصلي من أجل القوات البريطانية في الصحراء، ومن أجل كل الموقف في الشرق الأوسط، أثناء وقت ضعف معنويات الجيش المتقهقر نحو أبواب القاهرة، ولو أني كنت لا أدري كيف يبارك الله قيادة جيش لا تستحق البركة، ففتشت في قلبي عن كلمات صلاة أرفعها لله بإيمان صادق تغطي احتياجات الموقف. فأرشدني الروح القدس لأرفع هذه الصلاة: «يا رب، أعطنا قادة يمجدونك وأعطنا بهم النصر». وظللت أرفع هذه الصلاة يومياً، فقررت الحكومة البريطانية أن تستبدل قائد قوات الصحراء بقائد آخر كان اسمه الجنرال سترافر جوت، فطار إلى القاهرة ليتولى المنصب ولكنه قُتل في الطريق إذ أُصيبت طائرته وسقطت،

فبقيت قوات الصحراء بدون قائد في هذا الموقف الصعب. وقام ونستون تشرشل رئيس الوزراء البريطاني بتعيين قائد غير معروف هو الجنرال مونتجومري، فأسرع بالسفر من بريطانيا إلى مسرح العمليات.

كان مونتجومري ابن أسقف بريطاني إنجيلي، وكان يتمتع بالصفتين اللتين يطلبهما الله في القائد الناجح، فقد كان عادلاً يخاف الله، كما كان منضبطاً جداً. ولم يمضِ شهران حتى حقق انضباط الضباط، فعادت ثقة الجنود بقادتهم.

ثم تمت معركة العلمين وكانت أول معركة حاسمة انتصر فيها الحلفاء في الحرب العالمية الثانية، وانحسرت خطورة احتلال النازي لمصر وقناة السويس وفلسطين، وبدأ النصر لقوات الحلفاء وصارت معركة العلمين نقطة التحول في الحرب في شمال أفريقيا.

وبعد المعركة بيومين أو ثلاثة وجدت نفسي في الصحراء على بُعد أميال قليلة من القوات المتقدمة، وإلى جواري جهاز راديو يذيع أخبار ما كان يجري في حجرة قيادة الجنرال مونتجومري أمسية المعركة، قال إن الجنرال دعا كبار القادة للصلاة بقوله: «دعونا نطلب من الرب الجبار في القتال أن يعطينا النصر». وأثناء استماعي لهذا التقرير كلم الله قلبي وقال: «هذا استجابة لصلاتك».

توضح هذه الحادثة الترقية التي يصفها (مزمور ٧٥ : ٦، ٧) فقد اختارت الحكومة البريطانية الجنرال جوت، ولكن الله نَحّاه وجاء بالجنرال مونتجومري الذي اختاره. وجاء هذا الاختيار لتمجيد الله وليستجيب الصلاة التي وضعها الروح القدس على قلبي، وبهذا حفظ سكان فلسطين من اضطهاد النازي وقوات المحور.

وأومن أن الصلاة التي أعطاني إياها الرب في ذلك الوقت يمكن تطبيقها على حالات أخرى عسكرية وسياسية: «يا رب، أعطنا قادة يمجدونك وأعطنا بهم النصر».

نهاية حقبة ستالين

كنت أرعى كنيسة في لندن من **١٩٤٩-١٩٥٦** عندما بلغني عام **١٩٥٣** أن ستالين حاكم الاتحاد السوفيتي يعد العدة لمهاجمة اليهود في بلاده. وبينما أتأمل هذه الأخبار ذكَّرني الرب بما قاله الرسول بولس للمسيحيين عن اليهود:

«**فَإِنَّهُ كَمَا كُنْتُمْ أَنْتُمْ مَرَّةً لاَ تُطِيعُونَ اللهَ وَلَكِنِ الآنَ رُحِمْتُمْ بِعِصْيَانِ هَؤُلاَءِ، هَكَذَا هَؤُلاَءِ أَيْضاً الآنَ لَمْ يُطِيعُوا لِكَيْ يُرْحَمُوا هُمْ أَيْضاً بِرَحْمَتِكُمْ**» (رومية ١١ : ٣٠، ٣١).

وشعرت فوراً أن الله يكلفني بالصلاة من أجل يهود روسيا، وشاركت بعض قادة اجتماعات الصلاة في بريطانيا بمشاعري،

فقررنا أن نخصص يوماً للصوم والصلاة من أجلهم نمتنع فيه عن الطعام. وفي اليوم المحدد صلّينا وصمنا. ولم تحدث أمور غير عادية، ولم نشعر ببركة خاصة، ولكن لم يمضِ أسبوعان حتى جاءت الأخبار بموت ستالين في الثالثة والسبعين من عمره بدون أي مقدمات لهذا الخبر. وحاول ١٦ طبيباً من أمهر أطباء روسيا إنقاذ حياته بغير فائدة، فقد مات أثر نزيف في المخ. وتبينت أن الله استجاب الصلاة بأن أمات ستالين.

ونقرأ في (أعمال الرسل ١٢) عن شيء مشابه، فقد قتل هيرودسُ يعقوبَ أخا يوحنا بالسيف، وألقى القبض على بطرس ليقتله بعد عيد الفصح، فرفعت الكنيسة صلاة حارة لأجل بطرس، استجابها الله بمعجزة وافتقاد إلهي ونجا بطرس من السجن، وبقي أن يدفع هيرودس ثمن جريمته. ويورد لنا القديس لوقا في نهاية أعمال ١٢ ما جرى لهيرودس في مناسبة مفرحة له كان يكلم فيها أهل صور وصيدا، فهتف الشعب له: «**هَذَا صَوْتُ إِلَهٍ لاَ صَوْتُ إِنْسَانٍ!**» (آية ٢٢). وقبل هيرودس هذا المديح بفخر، لكن النهاية كانت أنه «**فِي الْحَالِ ضَرَبَهُ مَلاَكُ الرَّبِّ لأَنَّهُ لَمْ يُعْطِ الْمَجْدَ لِلَّهِ، فَصَارَ يَأْكُلُهُ الدُّودُ وَمَاتَ**» (آية ٢٣). فكم تكون الصلاة أحياناً قوية التأثير في التاريخ البشري بسرعة، وبرعب.

بقي أن نعلم أن مؤامرة ستالين باضطهاد اليهود فشلت، وتغيرت السياسة نحوهم تغييراً جذرياً فجاءت على روسيا مرحلة «تحطيم آثار ستالين» وأعلن خليفته خروشوف أن ستالين كان قاسياً ظالماً اضطهد الشعب الروسي. وبعد وقت لجأت ابنة ستالين التي نشأت في مجتمع الشيوعية الملحد إلى البلد التي قاومها أبوها، وأعلنت إيمانها بالمسيح.

آلام مفاجئة لميلاد كينيا

قضيت مع زوجتي ليديا أعوام ١٩٥٧-١٩٦١ نعمل مرسلين في كينيا بشرق أفريقيا، حيث قمت بالتدريس في كلية بغرب كينيا.

في تلك السنوات كانت كينيا تجاهد لتتخلص من الآلام الدموية لحركة الماو ماو التي أنشأت مرارة حقد وفقدان ثقة بين الأفريقيين والأوروبيين، وبين قبائل كينيا وبعضهم. كما كانت كينيا تستعد لإنهاء الحكم البريطاني وتبدأ عهد الاستقلال، الذي حصلت عليه عام ١٩٦٣.

وفي عام ١٩٦٠ حصلت الكونجو البلجيكية الواقعة غرب كينيا على الاستقلال، دون أن تكون المجموعات المختلفة فيها مستعدة لتحمُّل مسئوليات الحكم الذاتي، وغرقت في حروب داخلية دموية،

فهرب أوروبيون كثيرون من الكونجو شرقاً إلى كينيا وهم يحملون صور النزاع والفوضى التي حملوها من البلد الذي تركوه!

وعلى هذا فقد كانت صورة مستقبل كينيا مظلمة، لأن الجميع توقعوا لها مصير الكونجو البائس مضافاً إليه ما خلفته جماعة الماو ماو في كينيا.

وفي أغسطس ١٩٦٠ كنت أحد المرسلين الذين يخدمون في مؤتمر للشباب مدته أسبوع في غرب كينيا، حضره نحو مئتي شاب، معظمهم من المدرسين والطلبة الذين كنت قد قمت بتدريسهم.

وانتهى المؤتمر في يوم أحد. وفي الليلة الأخيرة منه رأينا تحقيق نبوة يوئيل كما اقتبسها بطرس:

«**يَقُولُ اللهُ: وَيَكُونُ فِي الأَيَّامِ الأَخِيرَةِ أَنِّي أَسْكُبُ مِنْ رُوحِي عَلَى كُلِّ بَشَرٍ، فَيَتَنَبَّأُ بَنُوكُمْ وَبَنَاتُكُمْ، وَيَرَى شَبَابُكُمْ رُؤًى، وَيَحْلُمُ شُيُوخُكُمْ أَحْلاَماً**» (أعمال ٢ : ١٧)

وألقى عظة الختام مرسل من كندا ترجم له إلى اللغة السواحيلية شاب اسمه ولسن ممبوليو. وسار الاجتماع أول ساعتين سيراً عادياً. لكن بعد الوعظ تحرك الروح القدس ورفع درجة المؤتمر إلى مستوى فوق عادي، فأخذ الشباب الحاضرون يسبحون الله ويصلّون مدة ساعتين بدون قائد بشري. وشعرت أننا قد لمسنا الله وأن قوته

صارت في متناولنا، وقال الله لي: «لا تدعهم يرتكبون الخطأ الذي طالما وقع فيه الخمسينيون بأن يبددوا قوتي في انغماس روحي ذاتي. قل لهم أن يصلّوا من أجل كينيا».

فأخذت طريقي إلى المنبر لأنقل للحاضرين الرسالة التي اعتقدت أن الله أعطاها لي. وفي طريقي رأيت ليديا فاستوقفتني. وسألتها ماذا تريد، فأجابت: «قل لهم أن يصلّوا من أجل كينيا». فقلت لها إن هذا ما كنت أنوي أن أفعله. وعرفت أن الله كلمني وكلم زوجتي في الوقت نفسه.

وعندما وصلت إلى المنبر طلبت من الجميع أن يصمتوا، وشاركتهم في رسالة الرب لي، وقلت: «أنتم القادة المستقبليون لبلادكم في ميدان التعليم والدين. ويضع الله على أكتافكم مسئولية الصلاة من أجل وطنكم وحكومتكم. وتواجه بلادكم اليوم مرحلة حرجة في تاريخها. فلنتحد في الصلاة من أجل مستقبل كينيا».

وكان ولسن ممبوليو معي على المنبر يترجم كلماتي إلى اللغة السواحيلية. ولما جاء وقت الصلاة ركع بجانبي وصلينا وكل الشباب معنا بصوت مرتفع، فتذكرت الوصف الوارد في (الرؤيا ١٩ : ٦) «وَسَمِعْتُ كَصَوْتِ جَمْعٍ كَثِيرٍ، وَكَصَوْتِ مِيَاهٍ كَثِيرَةٍ، وَكَصَوْتِ رُعُودٍ شَدِيدَةٍ». وفجأة توقفت الأصوات كأن قائد فرقة موسيقية رفع عصاه ليصمتوا.

وبعد قليل مـن الصمت وقـف ولسن ممبوليو وقـال : «أود أن أخبركـم بما أراه الرب لي أثنـاء الصلاة . . رأيت فرسـاً أحمر قادماً على كينيا من الشـرق يركبه رجل أسـود جـداً ، وكان عنيفاً جداً ، ومن خلفـه خيول حمراء كثيرة وعنيفة . وأثنـاء الصلاة رأيت هذه الخيول كلها تتفرق إلى جهة الشمال . . فطلبت من الرب أن يشرح لي ما رأيت فأجابني أن قوة الصلاة فوق الطبيعية التي يرفعها شعبي هي وحدها التي تجعل المشاكل القادمة على كينيا ترتد على أعقابها خائبة .

وجعلت لبضعة أيام تالية أتأمل كلمات ولسن ممبوليو ، فوجدت تشابهاً بين ما رآه ولسن وما رآه النبي زكريا (في زكريا ١ : ٧-١١) . ولما سـألته إن كان يعرف هذه النبـوة أجاب بالنفي ، فأدركت أن الله يؤكـد لنـا أنه استجاب لصلواتنا من أجل كينيا ، وأنه سـيتدخل بطريقتـه الخاصة لخيـر هذه البلد . وقد أثبت التاريـخ التالي لكينيا صدق هذا .

كانـت كينيا إحدى ثـلاث ولايات تحكمها بريطانيا في شـرق أفريقيـا ، والاثنتـان الأخريان هما أوغندا وتنجانيقـا (التي عُرفت بعد ذلك باسـم تنزانيا) . وقـد حصلت كينيا على استقلالها في ١٢ ديسـمبر ١٩٦٣ ، بينمـا حصلت الأخريان على استقلالهما قبل ذلك بقليل . وتم انتخاب حكومة لكينيا بعد الاستقلال مباشرة رأسها جومو كينياتا .

وفي يناير ١٩٦٤ تمت الرؤيا التي رآها ولسن ممبوليو، فقد قامت ثورة دموية في زنزبار الواقعة شرق كينيا بقيادة أفريقي من أوغندا تدرَّب على التكتيكات الثورية على يد كاسترو في كوبا، ونجحت الثورة في الإطاحة بسلطان زنزبار.. وفي الشهر نفسه قام جيش تنزانيا بثورة امتد أثرها إلى كينيا بهدف الإطاحة بحكومة كينيا المنتخَبة والإتيان بحكومة دكتاتورية شيوعية، فتصرف جومو كينياتا بحكمة وحزم، وقضى على الثورة وأعاد القانون والنظام لبلاده، وبقيت الحكومة الشرعية وفشلت المؤامرة الشيوعية العسكرية.

وبحسب رؤية ولسن ممبوليو، ارتدَّت الخيول الحمراء عن كينيا إلى الشمال حيث تقع الصومال التي حدث لها ما لم يحدث في كينيا. وواجهت دول جوار كينيا مصاعب وثورات، ففي الجنوب في تنزانيا حدَّت الحكومة الشيوعية حرية الشعب، وإلى الغرب من كينيا في أوغندا جاءت حكومات مزعزعة، وحدثت مصادمات قبَلية. ولكن في وسط هذا كله نجحت كينيا إلى حد بعيد في الاحتفاظ بالنظام والتقدم السياسي، والحرية الدينية.

وكان موقف الحكومة الكينية من المسيحية صدوقاً ومتعاوناً. ومع أن الرئيس كينياتا لم يقل إنه مسيحي إلا أنه دعا عدة هيئات

مسيحية لتدريس المسيحية في مدارس كينيا، كما أن كينيين كثيرين حملوا رسالة المسيح إلى الأمم المجاورة.

وأحياناً يرسل الله لنا أخباراً مشجعة بوسائل غير متوقعة. ففي أكتوبر ١٩٦٠ كنت في شركة سياحية في كوبنهاجن أرتب أمر سفري إلى لندن. وأثناء انتظاري إصدار تذكرة السفر طالعت جريدة «لندن تايمز» فوجدتها قد خصصت ملحقاً من ١٦ صفحة عن كينيا قال إن كينيا من أكثر الدول استقراراً ونجاحاً من بين نحو خمسين دولة أفريقية نالت استقلالها بعد الحرب العالمية الثانية. وبينما أنا أقلب الصفحات كان صوت الله يهمس في أذني قائلاً: «هذا ما أفعله عندما يصلي مسيحيون مؤمنون من أجل حكومات بلادهم».

وعندما قررت أن أسجل تعاملات الله في كينيا كتبتُ إلى ولسن ممبوليو في نيروبي وذكَّرته بالرؤيا التي أعطاها الله له عام ١٩٦٠، وطلبت منه أن يكتب لي ما يؤيد كلامي، كما طلبت منه أن يخبرني عن الحالة في كينيا. وإليك اقتباسات مما بعث به إليَّ في ٣٠ يونيو ١٩٧٢:

«شكراً على رسالتك، وقد قادني روح الله الحي أن أكتب التالي إليك مما سألت عنه..

«ما أروع ما عمله الله، فقد شاركني أخ يحب الصلاة في أن نصلي من أجلك . وأثناء صلواتنا جاءتني رسالتك . .

«وبخصـوص رؤيـاي عـام ١٩٦٠ أراك تذكرهـا ذِكـراً جيـداً وصحيحاً، فلا داعي للإضافة إليها . .

«واليـوم تعيش كينيا حياة سـلام، واقتصادها ينمو باستمرار، وهناك استثمارات أجنبية في البلد، ورجال الأعمال الأفريقيون مزدهرون، ويعود الفضل إلى الاستقرار الحكومـي بقيادة الرئيس جومو كينياتا .

«وأسـتطيع أن أقول إن الله اختـار هذا الرجل ليقـود أمتنا في مثل هذا الوقت . ونقوم كجماعات مسـيحية بالصلاة لأجله ليمنحه الله الحكمة .

«وليس هناك ما نعرفه عمَّن سيخلفه في الحكم بعد موته، فنحن لا نرى شخصاً آخر يمتلك مثل صفاته القيادية، ولكني أقول لمن يسألون إن الله سيدبر القائد القادم فقط كنتيجة لصلوات القديسين . .

«ونحـن نشـكر الله على حرية العبـادة في كينيا فهـي أكثر من أية حرية يتمتع بها جيراننا، ففي تنزانيا يُضطهد المسـيحيون، ولا يمكن أن يعقدوا اجتماعاً في الخلاء بدون إذنٍ مسبَّق . . . وفي أوغندا تأمر السـلطات بقيادة الرئيس عيدي أمـين كل الهيئات الدينية أن

تكون مسكونية، وقد أمر الرئيس أمين أن يمزج المصلون الصلوات المسيحية بالإسلامية في الكنائس التي يحدث أن يحضرها . . أما حكومة الصومال فهي عسكرية ولها ارتباطات بروسيا والصين الشيوعيتين . وتتلقى هاتان الدولتان معونات مالية وعتاداً عسكرياً من الصين، مثل طائرات الميج» .

وقد حدث لكينيا والدول المحيطة بها كل ما رآه ولسن في رؤياه عام ١٩٦٠ ، فقد تدخّل الله لخير كينيا بسبب صلوات مجموعة من أهلها اتحدوا للصلاة من أجلها كما يقول الكتاب المقدس .

وأنت تتأمل سجل أمانة الله أرجو أن تتذكر آخر ما أُعلن لولسن في رؤياه : «قوة الصلاة فوق الطبيعية التي يرفعها شعبي هي وحدها التي تجعل المشاكل القادمة على كينيا ترتد على أعقابها خائبة» .

ألا ترى أن هذه الكلمات قابلة للتطبيق في بلدك وفي بلدي؟

الفصل السادس

الصوم يقوّي الصلاة

أشرت في الفصل السابق إلى ممارسة الصوم، وقد جاء الوقت لتقديم دراسة منظمة من الكتاب المقدس عن هذا الموضوع، أبدأها بتعريف الصوم أنه الامتناع المتعمَّد عن الطعام بغرض روحي. وسيتضح من القرينة إن كان هذا الصوم يتضمَّن الامتناع عن شرب الماء وتعاطي السوائل.

تعليم المسيح عن الصوم ومثاله

أفضل ما نبدأ به دراسة موضوع الصوم هو ما جاء بالموعظة على الجبل، فقد علَّم المسيح تلاميذه في (متى ٦ : ١ـ ١٨) عن ثلاثة واجبات: الصدقة، والصلاة، والصوم. وفي ثلاثتها نبَّر على الدوافع، وحذَّر من ممارستها لجذب انتباه البشر. وطالب تلاميذه أن يمارسوا هذه الثلاثة، فقال في (آية ٢) «**فَمَتَى صَنَعْتَ صَدَقَةً**» وقال في (آية ٦) «**فَمَتَى صَلَّيْتَ**» (بضمير المخاطب المفرد) وقال في (آية ٧) «**وَحِينَمَا تُصَلُّونَ**» (بالجمع) وقال في (آية ١٦) «**وَمَتَى**

صُمْتُمْ» (بالجمع) وقال في (آية ١٧) «**فَمَتَى صُمْتَ**» (بالمفرد). ولم يقل المسيح أبداً «**إن صُمت**» بل قال «**فَمَتَى صُمْتَ**» فواضح أن المسيح ينتظر من تلاميذه أن يمارسوا كل هذه الثلاثة بانتظام. والأمر بالصلاة يشبه الأمر بالصوم، فإن توقَّع منا الصلاة فهو يتوقع منا الصوم أيضاً بانتظام.

كان اليهود معتادين على ممارسة الصوم من أيام موسى وإلى أيام المسيح، وقد صاموا كما صام تلاميذ يوحنا المعمدان، واندهشوا عندما رأوا تلاميذ المسيح لا يصومون وسألوا عن السبب، كما جاء في (مرقس ٢ : ١٨-٢٠) : «**وَكَانَ تَلاَمِيذُ يُوحَنَّا وَالْفَرِّيسِيِّينَ يَصُومُونَ، فَجَاءُوا وَقَالُوا لَهُ: لِمَاذَا يَصُومُ تَلاَمِيذُ يُوحَنَّا وَالْفَرِّيسِيِّينَ وَأَمَّا تَلاَمِيذُكَ فَلاَ يَصُومُونَ؟. فَقَالَ لَهُمْ يَسُوعُ: هَلْ يَسْتَطِيعُ بَنُو الْعُرْسِ أَنْ يَصُومُوا وَالْعَرِيسُ مَعَهُمْ؟ مَا دَامَ الْعَرِيسُ مَعَهُمْ لاَ يَسْتَطِيعُونَ أَنْ يَصُومُوا. وَلَكِنْ سَتَأْتِي أَيَّامٌ حِينَ يُرْفَعُ الْعَرِيسُ عَنْهُمْ فَحِينَئِذٍ يَصُومُونَ فِي تِلْكَ الأَيَّامِ**».

وجاء جواب المسيح في صيغة مثل، فالعريس هو المسيح وبنو العرس هم تلاميذه (الذين كان السؤال يعنيهم)، وما دام العريس معهم يعني أيام خدمة المسيح على الأرض، وحين يُرفع العريس عنهم يعني منذ صعوده للسماء حتى مجيئه ثانية. واليوم تنتظر العروس

(الكنيسة) عريسها، وهذا هو الزمن الذي نعيش فيه والذي يقول المسيح إنه الزمن الذي يجب فيه الصوم.

ولم يعلّم المسيح عن الصوم فقط، لكنه مارسه أيضاً، فبعد معموديته في نهر الأردن قاده الروح القدس إلى البرية حيث صام أربعين يوماً، كما يقول (لوقا ٤ : ١، ٢).

«أَمَّا يَسُوعُ فَرَجَعَ مِنَ الأُرْدُنِّ مُمْتَلِئاً مِنَ الرُّوحِ الْقُدُسِ، وَكَانَ يُقْتَادُ بِالرُّوحِ فِي الْبَرِّيَّةِ أَرْبَعِينَ يَوْماً يُجَرَّبُ مِنْ إِبْلِيسَ. وَلَمْ يَأْكُلْ شَيْئاً فِي تِلْكَ الأَيَّامِ. وَلَمَّا تَمَّتْ جَاعَ أَخِيراً».

ويقول البشير إنه لم يأكل، لكنه لا يقول إنه لم يشرب، ويقول إنه جاع أخيراً ولا يقول إنه عطش، مما يعني أنه امتنع عن الطعام لا عن الشراب، ووقتها كانت مواجهته مع الشيطان. وفي وصف لوقا لما حدث نرى أن هناك فرقاً بين ما قبل الصوم وما بعده، فالمسيح رجع من الأردن ممتلئاً بالروح القدس، وبعد الصوم **«رَجَعَ يَسُوعُ بِقُوَّةِ الرُّوحِ إِلَى الْجَلِيلِ»** (لوقا ٤ : ١٤).

عندما ذهب المسيح إلى البرية كان ممتلئاً من الروح القدس، وبعد الصوم رجع بقوة الروح القدس، فيبدو أن قوة الروح القدس التي نالها المسيح وقت معموديته في الأردن تجلّت بكامل سلطانها بعد أن أكمل المسيح صومه، وكان الصوم آخر مراحل استعداد المسيح لخدمته الجهارية.

ونرى نفس القوانين الروحية التي حدثت مع المسيح تحدث مع تلاميذه، فيقول في (يوحنا ١٤ : ١٢) «**مَنْ يُؤْمِنُ بِي فَالأَعْمَالُ الَّتِي أَنَا أَعْمَلُهَا يَعْمَلُهَا هُوَ أَيْضاً**» ففتح الطريق للتلاميذ أن يسيروا في أثر خطوات خدمته. على أنه يقول في (يوحنا ١٣ : ١٦) «**لَيْسَ عَبْدٌ أَعْظَمَ مِنْ سَيِّدِهِ، وَلاَ رَسُولٌ أَعْظَمَ مِنْ مُرْسِلِه**» وهذا قول يختص باستعداده للخدمة. فإن كان الصوم ضرورياً لإعداد المسيح للخدمة فيجب أن يُمارس أيضاً في إعداد تلاميذه.

ممارسات الكنيسة الأولى

كان بولس تلميذاً مكرساً للمسيح وكان الصوم جزءاً أساسياً في خدمته، فبعد مقابلته بالمسيح في الطريق إلى دمشق صرف ثلاثة أيام بدون طعام ولا شراب (أعمال ٩ : ٩) فكان الصوم من مقومات انضباطه الروحي. وقد ذكر في (٢كورنثوس ٦ : ٣-١٠) ما يبرهن أنه خادم مكرس للرب، فقال في (آية ٥) «**فِي أَسْهَارٍ، فِي أَصْوَامٍ**» والسهر يعني عدم النوم والصوم يعني عدم الأكل، وقد مارسهما الرسول. وعاد في (٢كورنثوس ١١ : ٢٣-٢٧) إلى الفكرة نفسها وهو يتحدث عن الذين كانوا ينافسونه في الخدمة: «**أَهُمْ خُدَّامُ الْمَسِيحِ؟ أَقُولُ.. فَأَنَا أَفْضَلُ**» (آية ٢٣) ثم ذكر قائمة طويلة من الأمور التي تبرهن تكريسه لخدمته فيقول في (آية ٢٧)

«فِي تَعَبٍ وَكَدٍّ. فِي أَسْهَارٍ مِرَاراً كَثِيرَةً. فِي جُوعٍ وَعَطَشٍ. فِي أَصْوَامٍ مِرَاراً كَثِيرَةً» فربط الصوم بالسهر. وقوله **«فِي أَصْوَامٍ مِرَاراً كَثِيرَةً»** يعني أنه كان يقضي فترات طويلة صائماً. وقوله **«فِي جُوعٍ وَعَطَشٍ»** يعني أن الطعام والشراب لم يتوفرا له، وقوله **«فِي أَصْوَامٍ مِرَاراً كَثِيرَةً»** يعني عدم الأكل بينما الطعام متوافر له.

ويحدثنا العهد الجديد أن المسيحيين الأولين مارسوا الصوم الفردي للانضباط الروحي، كما مارسوا الصوم الجماعي كجزء من خدمتهم لله، فيقول (أعمال ١٣ : ١-٣).

«وَكَانَ فِي أَنْطَاكِيَةَ فِي الْكَنِيسَةِ هُنَاكَ أَنْبِيَاءُ وَمُعَلِّمُونَ: بَرْنَابَا، وَسِمْعَانُ الَّذِي يُدْعَى نِيجَرَ، وَلُوكِيُوسُ الْقَيْرَوَانِيُّ، وَمَنَايِنُ الَّذِي تَرَبَّى مَعَ هِيرُودُسَ رَئِيسِ الرُّبْعِ، وَشَاوُلُ. وَبَيْنَمَا هُمْ يَخْدِمُونَ الرَّبَّ وَيَصُومُونَ قَالَ الرُّوحُ الْقُدُسُ: «أَفْرِزُوا لِي بَرْنَابَا وَشَاوُلَ لِلْعَمَلِ الَّذِي دَعَوْتُهُمَا إِلَيْهِ». فَصَامُوا حِينَئِذٍ وَصَلُّوا وَوَضَعُوا عَلَيْهِمَا الأَيَادِيَ ثُمَّ أَطْلَقُوهُمَا».

كان في أنطاكية خمسة قادة من الأنبياء والمعلمين يُصلّون ويصومون معاً، ويوصف هذان الأمران أنهما «خدمة للرب». واليوم نجد معظم الكنائس والقادة لا يعرفون مثل هذا النوع من الخدمة للرب. بينما يجب أن تجيء الخدمة للرب قبل خدمة الناس. وأثمر الروح القدس من خدمة الرب خدمةً للناس!

لقد صلى قادة كنيسة أنطاكية وصاموا معاً فأعلن الروح القدس لهم أن هناك خدمة معينة لاثنين منهم هما برنابا وشاول (الذي دُعي بولس فيما بعد). قال: «**أَفْرِزُوا لي بَرْنَابَا وَشَاوُلَ للْعَمَلِ الَّذِي دَعَوْتُهُمَا إِلَيْهِ**». ولكنهما لم يكونا مستعدين بعد للذهاب، لأن خدمتهما الجديدة كانت تحتاج إلى نعمة خاصة، فللمرة الثانية اجتمع القادة الخمسة للصوم والصلاة معاً، وبعد ذلك «**وَضَعُوا عَلَيْهِمَا الأَيَادِيَ ثُمَّ أَطْلَقُوهُمَا**». ففي وقت صوم وصلاة أعلن الرب أولاً أن هناك عملاً خاصاً لهما، ثم كان صوم وصلاة لنوال النعمة والقوة للقيام بهذا العمل الخاص. وكان برنابا وشاول ضمن الأنبياء والمعلمين، ولكن بعد ذلك دُعيا «**رسولين**» (أعمال ١٤: ٤، ١٤). فيمكن أن نقول إن الخدمة الرسولية لبولس وبرنابا وُلدت بعد صوم وصلاة قادة كنيسة أنطاكية الخمسة.

وقام بولس وبرنابا بتعليم أعضاء الكنائس التي أساسها الصلاة والصوم، خصوصاً في إقامة قسوس وقادة للكنائس الجديدة، فيقول (أعمال ١٤: ٢١-٢٣).

«**فَبَشَّرَا فِي تِلْكَ الْمَدِينَةِ وَتَلْمَذَا كَثِيرِينَ، ثُمَّ رَجَعَا إِلَى لِسْتِرَةَ وَإِيقُونِيَةَ وَأَنْطَاكِيَةَ، يُشَدِّدَانِ أَنْفُسَ التَّلاَمِيذِ وَيَعِظَانِهِمْ أَنْ يَثْبُتُوا فِي الإِيمَانِ، وَأَنَّهُ بِضِيقَاتٍ كَثِيرَةٍ يَنْبَغِي أَنْ نَدْخُلَ مَلَكُوتَ اللهِ. وَانْتَخَبَا**

لَهُمْ قُسُوساً فِي كُلِّ كَنِيسَةٍ، ثُمَّ صَلَّيَا بِأَصْوَامٍ وَاسْتَوْدَعَاهُمْ لِلرَّبِّ الَّذِي كَانُوا قَدْ آمَنُوا بِهِ».

ويصف الوحي في (أعمال ١٤ : ٢٢) جماعة المؤمنين في كل كنيسة بأنهم «تلاميذ» ولكنه في آية ٢٣ يصفهم بأنهم «كنائس» فتمَّ الانتقال من «تلاميذ» إلى «كنائس» بعد انتخاب قسوس في كل كنيسة. وبعد تعيين القسوس كانت صلوات وأصوام، فيمكن أن نقول إنه بعد تأسيس كنيسة في كل مدينة كانت كل كنيسة تمارس معاً الصلوات والأصوام.

فإذا درسنا (أعمال ١٣، ١٤) معاً نرى أن الصلوات والأصوام الجماعية لعبت دوراً حيوياً في نمو وتطور كنائس العهد الجديد، وبهما معاً نال المسيحيون الأولون إرشاد الروح القدس وقوته للقيام بواجباتهم الهامة، وهي: أولاً في اختيار الرسل وإرسالهم، وثانياً في انتخاب قسوس الكنائس الأولى.

كيف يعمل الصوم

هناك طرق مختلفة يساعد الصوم بها المؤمنين ليحصلوا على إرشاد الروح القدس وقوته، فالصوم يشبه النواح. وكما لا يحب أحدٌ أن ينوح لا يحب الجسد أن يصوم! غير أن النواح والصوم نافعان أحياناً، فيقول المسيح «**طُوبَى لِلْحَزَانَى، لأَنَّهُمْ يَتَعَزَّوْنَ**» (متى ٥ : ٤). وهناك بركة

خاصة ينالها النائحون في صهيون (إشعياء ٦١ : ٣) «**لأُعْطِيَهُمْ جَمَالاً عِوَضاً عَنِ الرَّمَادِ، وَدُهْنَ فَرَحٍ عِوَضاً عَنِ النَّوْحِ، وَرِدَاءَ تَسْبِيحٍ عِوَضاً عَنِ الرُّوحِ الْيَائِسَةِ**».

ولا يشبه «النواح في صهيون» ندم غير المؤمنين وحزنهم، فالمؤمن الذي ينوح يستجيب لتحريك الروح القدس فيشارك الله بالقليل من حزنه على شر البشر وضلالهم. وعندما نرى نحن المؤمنون سقطاتنا ونقصنا، وعندما نرى بؤس وشر العالم نُصاب بحالة من البكاء والنواح. ويقارن بولس في (٢ كورنثوس ٧ : ١٠) بين «**الْحُزْنَ الَّذِي بِحَسَبِ مَشِيئَةِ اللهِ (الذي) يُنْشِئُ تَوْبَةً لِخَلاَصٍ بِلاَ نَدَامَةٍ**» وبين «**حُزْنَ الْعَالَمِ (الذي) يُنْشِئُ مَوْتاً**». فالحزن التقوي يعطي «**دهن فرح**» و«**رداء تسبيح**».

وفي العهد القديم عيَّن الله لبني إسرائيل يوماً سنوياً لانكسار النفس هو يوم الكفارة العظيم، قال الرب عنه في (لاويين ١٦ : ٣١) «**سَبْتُ عُطْلَةٍ هُوَ لَكُمْ، وَتُذَلِّلُونَ نُفُوسَكُمْ فَرِيضَةً دَهْرِيَّةً**» ومنذ أيام موسى صار هذا يوم صوم، ويدعوه في (أعمال ٢٧ : ٩) «**الصَّوْم**». ولا زال اليهود يمارسونه إلى اليوم.

وقد تحدث داود عن الصوم في مزمورين. ففي (مزمور ٣٥ : ١٣) يقول «**أَذْلَلْتُ بِالصَّوْمِ نَفْسِي**» وهو نفس ما يحدث في يوم الكفارة.

ويقول في (مزمور ٦٩ : ١٠) «**أَبْكَيْتُ بِصَوْمِ نَفْسِي**». فإذا جمعنا معاني هذه الآيات معاً نقول إن الصوم بكاء، وإذلال للنفس، وتأديب لها.

بالصوم يُخضع المؤمن جسده، فيقول في (١ كورنثوس ٩ : ٢٧) «**أَقْمَعُ جَسَدِي وَأَسْتَعْبِدُهُ، حَتَّى بَعْدَ مَا كَرَزْتُ لِلآخَرِينَ لاَ أَصِيرُ أَنَا نَفْسِي مَرْفُوضاً**». فإن أجسادنا بأعضائها ورغباتها عبيد صالحون لنا، لكنهم يمكن أن يكونوا سادة قساة علينا، فنحتاج أن نُخضع أجسادنا. وقد سمعت قسيساً يعبر عن هذه الفكرة بقول بليغ، قال: «معدتي لا تقول لي متى آكل، ولكني أنا أحدد لها موعد الأكل». وكلما مارستَ هذه الفكرة تقدر أن تقول لجسدك: «أنت خادمي، ولست سيدي».

ويصف بولس في (غلاطية ٥ : ١٧) الصراع الدائر بين روح الله وطبيعة الإنسان الجسدية، فيقول «**لأَنَّ الْجَسَدَ يَشْتَهِي ضِدَّ الرُّوحِ، وَالرُّوحُ ضِدَّ الْجَسَدِ، وَهذَانِ يُقَاوِمُ أَحَدُهُمَا الآخَرَ، حَتَّى تَفْعَلُونَ مَا لاَ تُرِيدُونَ**». ويتعامل الصوم مع أمرين من أعمال الطبيعة الجسدية يعطلان عمل الروح القدس هما: إرادة الذات العنيدة، وشهوة إشباع الجسد. ويقوم الصوم بإخضاع النفس والجسد لسلطان الروح القدس.

ومن المهم أن نفهم أن الصوم يغيِّر الإنسان، لا الله، فالروح القدس هو الله كلي القدرة وعديم التغيُّر. ويحطم الصوم حواجز طبيعة الإنسان الجسدية التي تعطل عمل قوة الروح القدس، فتنطلق قوة الروح القدس في حياتنا بصلواتنا.

ويعبر بولس في (أفسس ٣ : ٢٠) عن قوة الصلاة المقتدرة فيقول «وَالْقَادِرُ أَنْ يَفْعَلَ فَوْقَ كُلِّ شَيْءٍ أَكْثَرَ جِدّاً مِمَّا نَطْلُبُ أَوْ نَفْتَكِرُ، بِحَسَبِ الْقُوَّةِ الَّتِي تَعْمَلُ فِينَا». والقوة العاملة في صلواتنا هي قوة الروح القدس التي يطلقها الصوم لتعمل أكثر جداً مما نفتكر.

على أن الصوم لا يمكن أن يغير مستوى بـر الله، فإن قمنا بعمل خـارج عن هـذا البر فلن يفيدنا الصوم شـيئاً. فالخطأ خطأ والخطية خطية مهما صام المؤمن! ونعطي نموذجاً لهذا من (٢صموئيل ١٢)، فقـد زنى داود وجاءه طفـل من الزنا، فقضى الله بمـوت الطفل ولم يوقف موت الطفل أن داود صام مدة أسبوع كامل، فالصوم لا يغير مستويات البر الإلهي، فالخطأ خطأ مهما صمنا.

وليس الصوم وسيلة تحايل، وليس علاجاً لكل حالة، فقد أوجد الله لشعبه ترتيباً لكل ما ينفعهم في كل ناحية من نواحي حياتهم الروحية والجسدية والمادية. والصوم أحد أجزاء هذا الترتيب الإلهي،

ولا يحل محل أي ترتيب إلهي آخر ، كما أن أي ترتيب آخر لا يمكن أن يحل محل الصوم .

ونقرأ في (كولوسي ٤ : ١٢) أن أبفراس صلى «لِكَيْ تَثْبُتُوا كَامِلِينَ وَمُمْتَلِئِينَ فِي كُلِّ مَشِيئَةِ اللهِ» وهذا مستوى رفيع يجب أن نستخدم كل وسيلة للوصول إليه ، والصوم أحد هذه الوسائل .

ويمكن للرسم التوضيحي التالي أن يشرح لنا العلاقة بين الصوم وإرادة الله :

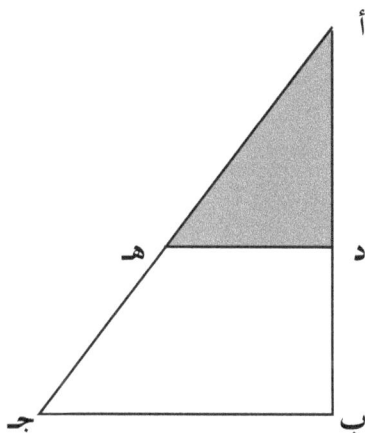

يمثل المثلث أ ب جـ كل إرادة الله لكل مؤمن ، ويمثل الحيز د ب جـ هـ ما يمكن أن نحصل عليه بالصلاة بدون صوم . والجزء المظلل أ د هـ يمثل ما يمكن أن نحصل عليه بالصلاة والصوم معاً .

فإن كنا نهدف إلى شيء خارج عن دائرة أ ب جـ نكون هادفين إلى ما هو خارج إرادة الله . ولا يقدم لنا الكتاب المقدس وسـيلة لتحقيق هـذا الهدف . أمـا إن كان هدفنا داخل د ب جـ هـ فيمكن أن نحصل عليه بالصلاة بدون صوم . فإن كان هدفنا داخل أ د هـ فلن نحققه إلا بالصلاة والصوم معاً . وأكثر ما يختاره الله لنا يقع في دائرة أ د هـ .

الفصل السابع

الصوم يجلب التحرير والنصر

عندمـا نطالـع تاريـخ العهـد القـديم نجد عدة مناسبات جماعية للصـلاة المقرونـة بالصـوم جلبت تدخُّـلاً إلهيـاً قويـاً، نتأمل أربع مناسبات منها.

يهوشافاط ينتصر بغير حرب

نجد المثال الأول في سفر (أخبار الأيام الثاني ٢٠ : ١-٣٠) حيث نقـرأ أن الملك يهوشـافاط ملك يهوذا سـمع أن جيشـاً عظيماً آتٍ عليه من الشرق من موآب وعمون وجبل ساعير، ولم تكن لديه قوة عسـكرية تكفي لمواجهة هذا الهجوم، فاتجه لله طالباً العون، وكان أول مـا فعله أنه «نَـادَى بِصَوْمٍ فِي كُلِّ يَهُوذَا» فاتحد الشـعب من رجال ونساء وأطفال في صلاة وصوم جماعي (آية ١٣).

وبعد النداء للصوم والصلاة تتابعت الأمور بطريقة دراماتيكية إذ «اجْتَمَعَ يَهُوذَا لِيَسْأَلُوا الرَّبَّ. جَاءُوا أَيْضاً مِنْ كُلِّ مُدُنِ يَهُوذَا لِيَسْأَلُوا

الـرَّبَّ» (آية ٤) بعـد أن وحَّدهم الخطر الداهم. لقد كانوا متفرقين، لكنهم نحّـوا خلافاتهم جانباً ليحافظوا علـى ميراثهم بعد أن كان اهتمامهم منصبّاً على مصالحهم الشخصية.

وقاد يهوشافاط الشـعب المتحد في الصلاة طالباً من الله الرحمة وأن يذكر عهده مع إبراهيم، فاستجاب الله استجابة فورية غير عادية نقرأ عنها في آيات ١٤-١٧، وأعطى الله نبياً اسـمه يحزئيل رسـالة قوية ربطت التشـجيع بالتأكيد والتوجيه، فاسـتقبلها يهوشـافاط وكل الشعب بالتسـبيح والتعبد، واستمر التسبيح بينما قاد الملك الشعب لأرض المعركة:

«فَخَـرَّ يَهُوشَافَاطُ لِوَجْهِهِ عَلَى الأَرْضِ وَكُلُّ يَهُوذَا وَسُكَّانُ أُورُشَلِيمَ سَقَطُـوا أَمَـامَ الرَّبِّ سُجُوداً لِلـرَّبِّ. فَقَامَ اللاَّوِيُّونَ مِنْ بَنِـي الْقَهَاتِيِّينَ وَمِـنْ بَنِـي الْقُورَحِيِّـينَ لِيُسَبِّحُوا الـرَّبَّ إِلَـهَ إِسْرَائِيلَ بِصَـوْتٍ عَظِيمٍ جِـدّاً.. وَلَمَّـا اسْتَشَـارَ الشَّعْـبَ أَقَـامَ مُغَنِّـينَ لِلـرَّبِّ وَمُسَبِّحِـينَ فِي زِينَةٍ مُقَدَّسَـةٍ عِنْدَ خُرُوجِهِمْ أَمَامَ الْمُتَجَرِّدِيـنَ وَقَائِلِينَ: احْمَدُوا الرَّبَّ لأَنَّ إِلَى الأَبَدِ رَحْمَتَهُ» (٢أخبار ٢٠: ١٨، ١٩، ٢١).

ونجـد في آيـة ٢٢-٣٠ نتيجة الصـلاة والصوم، فلـم تكن هناك حاجة لاسـتخدام أي أسـلحة، لأن العدو أهلك نفسه ولم ينجُ منهم أحد، وقضى بنو إسـرائيل ثلاثة أيام يجمعـون الغنائم ويعودوا إلى أورشـليم منتصرين وهم يسـبحون الله ويشـكرونه. واندهلت كل

البلاد المحيطة لما عرفت ما حدث ، فلم يجرؤ أحد بعد ذلك أن يهاجم يهوشافاط وشعبه .

ونتعلم ثلاثة دروس على الأقل من انتصار يهوشافاط ، تتفق ثلاثتها بذات القوة مع عصرنا المسيحي : أولها أن القوات المعادية للمسيحية لا زالت تهدد وتعمل كما كانت تعمل في زمن يهوشافاط ، وهي متحدة في كراهيتها ومقاومتها لكل من يحب المسيح ويخدمه ، وهم لا يهتمون بالاختلافات بين الطوائف المسيحية ، فهم مثلاً لا يقفون مع المعمدانيين ضد الإخوة ، ولا مع الكاثوليك ضد الخمسينيين ، وعليه فلا يلزمنا أن نحيي اليوم الخلافات التاريخية التي كانت بيننا وقسَّمتنا ، بل علينا أن نفعل ما فعلته مملكة يهوذا ، فنتحد معاً في الصوم والصلاة .

ثانيا : يعلمنا ما حدث مع يهوشافاط ضرورة المواهب الروحية ، فقد كانت موهبة نبوة يحزئيل سبب تشجيع وتوحيد ليهوذا في وقت الشدّة ، ولا زلنا ككنائس نحتاج اليوم إلى مواهب الروح القدس ، ولم يقُل الله أبداً إنه سيوقف الكنيسة عن استخدام هذه المواهب .

وفي (١ كورنثوس ١ : ٧ ، ٨) شكر بولس الله على مواهب الإخوة فقال : «حَتَّى إِنَّكُمْ لَسْتُمْ نَاقِصِينَ فِي مَوْهِبَةٍ مَا، وَأَنْتُمْ مُتَوَقِّعُونَ

اسْتِعْلاَنَ رَبِّنَا يَسُوعَ الْمَسِيحِ، الَّذِي سَيُثْبِتُكُمْ أَيْضاً إِلَى النِّهَايَةِ بِلاَ لَوْمٍ فِي يَوْمِ رَبِّنَا يَسُوعَ الْمَسِيحِ». فقد توقع بولس المواهب الروحية وأرادها أن تنمو وتعمل في الكنيسة إلى حين مجيء المسيح ثانية.

وقد اقتبس بطرس نبوة يوئيل ووصف بها عصرنا الحاضر، قال:

«**يَقُولُ اللهُ: وَيَكُونُ فِي الأَيَّامِ الأَخِيرَةِ أَنِّي أَسْكُبُ مِنْ رُوحِي عَلَى كُلِّ بَشَرٍ، فَيَتَنَبَّأُ بَنُوكُمْ وَبَنَاتُكُمْ، وَيَرَى شَبَابُكُمْ رُؤًى، وَيَحْلُمُ شُيُوخُكُمْ أَحْلاَماً. وَعَلَى عَبِيدِي أَيْضاً وَإِمَائِي أَسْكُبُ مِنْ رُوحِي فِي تِلْكَ الأَيَّامِ فَيَتَنَبَّأُونَ**» (أعمال ٢ : ١٧، ١٨).

وتؤيد نبوة يوئيل التي اقتبسها بطرس ما كتبه بولس لأهل كورنثوس، ولا يوجد ما يدل على أن الله سحب المواهب من الكنيسة، بل بالعكس، يقول الوحي إنها ستكون أكثر ظهوراً كلما اقتربنا من نهاية هذا الدهر.

أما الدرس الثالث الذي نتعلمه مما حدث مع يهوشافاط فهو سمو القوة الروحية على القوة الجسدية. يقول بولس في (٢كورنثوس ١٠ : ٤) «**إِذْ أَسْلِحَةُ مُحَارَبَتِنَا لَيْسَتْ جَسَدِيَّةً، بَلْ قَادِرَةٌ بِاللهِ عَلَى هَدْمِ حُصُونٍ**». وهناك نوعان من الأسلحة: الروحية والجسدية. ولم يستخدم يهوشافاط ورجاله سوى الروحية، وأظهرت النتيجة سمو السلاح الروحي.

فما هو السلاح الروحي الذي استخدمه يهوشافاط؟ نلخصه في قولنا: أولاً الصوم الجماعي، ثانياً الصلاة المتحدة، ثالثاً مواهب الروح القدس فوق الطبيعية، رابعاً عبادة الجمهور وتسبيحه. ويعلمنا العهد الجديد أن نستخدم ذات الأسلحة فننتصر الانتصار القوي الدراماتيكي الذي انتصره شعب يهوذا زمن الملك يهوشافاط.

عزرا يحصل على الأمان في طريقه بفضل قوة الله

مثالنا الثاني على فاعلية الصوم والصلاة تجده في سفر عزرا:

«وَنَادَيْتُ هُنَاكَ بِصَوْمٍ عَلَى نَهْرِ أَهْوَا لِنَتَذَلَّلَ أَمَامَ إِلهِنَا لِنَطْلُبَ مِنْهُ طَرِيقاً مُسْتَقِيمَةً لَنَا وَلأَطْفَالِنَا وَلِكُلِّ مَالِنَا، لأَنِّي خَجِلْتُ مِنْ أَنْ أَطْلُبَ مِنَ الْمَلِكِ جَيْشاً وَفُرْسَاناً لِيُنْجِدُونَا عَلَى الْعَدُوِّ فِي الطَّرِيقِ لأَنَّنَا قُلْنَا لِلْمَلِكِ: إِنَّ يَدَ إِلهِنَا عَلَى كُلِّ طَالِبِيهِ لِلْخَيْرِ وَصَوْلَتَهُ وَغَضَبَهُ عَلَى كُلِّ مَنْ يَتْرُكُهُ. فَصُمْنَا وَطَلَبْنَا ذلِكَ مِنْ إِلهِنَا فَاسْتَجَابَ لَنَا» (عزرا ٨: ٢١-٢٣).

لقد فعل عزرا ما أفعله أنا أحياناً، وبشهادته للملك وضع نفسه في موقف يجب أن يُظهر فيه صدق شهادته! لقد قال للملك إنه يخدم الله الحي الذي يحفظه ويسدد احتياجاته. وبعد وقت سنحت الفرصة لعزرا أن يقود فريقاً من المسبيين إلى أورشليم، وكان لا بد لهم أن يعبروا ببلاد تسكنها عصابات وقبائل قاسية شرسة. وكان

رفاق عـزرا قد اصطحبوا زوجاتهم وأطفالهـم، كما كانوا يحملون معهم أنية الهيكل المقدسة الثمينة. فيا لهم من غنيمة للعصابات!

وثار سؤال: كيف ينالون الحماية في طريقهم من بابل إلى أورشليم؟ هل يطلب عزرا من الملك أن يمدَّه بعساكر وفرسان؟ لا بد أن الملك سيستجيب لهذا الطلب. ولكن عزرا خجل من أن يطلب بعد أن قال للملك إن إلهه حي ويحفظ الذين يخدمونه! وعليه فقد اتخذ عزرا قراراً حيوياً: لن يعتمدوا على عساكر وفرسان، بل على قوة الله المعجزية. وبالطبع لم يكن هناك خطأ أخلاقي لو أنهم طلبوا حماية من الملك، ولكن هذا كان يعني الاعتماد على أسلحة جسدية. فقرروا الاعتماد على الصلاة والصوم كجماعة طالبين العون والحماية من الله وحده.

وسار عزرا في خطوات يهوشافاط، فنادى بصوم «لِنَتَذَلَّلَ أَمَامَ إِلَهِنَا لِنَطْلُبَ مِنْهُ طَرِيقاً مُسْتَقِيمَةً لَنَا وَلأَطْفَالِنَا وَلِكُلِّ مَالِنَا». وقد رأينا في الفصل السادس من هذا الكتاب أن مزامير داود، ويوم الكفارة العظيم تعلنان رضى الله على الصوم والتذلل أمامه والاعتراف بالاعتماد الكامل عليه، فقال عزرا «فَصُمْنَا وَطَلَبْنَا ذَلِكَ مِنْ إِلَهِنَا فَاسْتَجَابَ لَنَا».

وكانت نتيجة الصوم الجماعي أن الله عمل مع عزرا ومرافقيه ما عمله مع يهوشافاط وشعبه. وسار المسبيون الراجعون إلى أورشليم

في الطريق الطويل الخطير بسلام وأمان كاملين. وبرهن عزرا صدق الأسلوب الذي عالج به يهوشافاط موقفه الخطير، فالانتصار في الميدان الروحي هو الأقوى. فلنستخدم السلاح الروحي، فننتصر روحياً ومادياً.

أستير تحوِّل الكارثة إلى نصرة

نموذجنا الثالث للصوم والصلاة الجماعي نجده في الأصحاح الرابع من سفر أستير، حيث نجد ذكر أكبر كارثة كان يمكن أن تحل ببني إسرائيل، أعظم مما حل بهم على يد هتلر، فقد كان ثُلث اليهود تحت رحمة هتلر، أما الملك الفارسي فقد كانوا جميعاً تحت رحمته! وكان الملك قد أصدر أمراً بإبادتهم جميعاً، وكان هامان هو الوسيلة الجهنمية في يد الشيطان.

وقد كانت نجاة اليهود هذه هي السبب في أن يعيِّدوا عيداً جديداً اسمه «الفوريم» (بمعنى قُرَعٌ، جمع: قُرعة) لأن هامان ألقى قُرعة لاختيار اليوم الذي فيه يبيد كل اليهود. وكانت القُرعة نوعاً من أنواع العِرافة، فكان هامان يطلب إرشاد السحر والتنجيم، معتمداً على القوى الخفية لترشده. وبهذا كانت تلك حرباً روحية تماماً ولم تكن جسداً ضد جسد، بل روحاً سفلى ضد روح عليا، وكان الشيطان في هامان يتحدى قوة الله. ولو أنه نجح في مقصده لجاء العار على اسم الله.

وعندما صدر الأمر بإبادة كل اليهود قبلت أستير ووصيفاتها هذا التحدي، عالمات أنهن يواجهن حرباً روحية، فاتفقن أن يواجهنه على نفس المستوى، فيصومن ثلاثة أيام ليلاً ونهاراً بدون طعام أو شراب. ورتبت أستير مع مردخاي أن يجمع كل اليهود الذين في شوشن العاصمة ليتحدوا معهن في الصوم. (وليلاحظ القارئ من (أستير ٤ : ١٦) أنه في كل أزمة «اجْمَعْ جَمِيعَ» الشعب، كما حدث مع يهوشافاط). وهكذا اجتمع كل يهود شوشن مع أستير ووصيفاتها للصوم والصلاة ثلاثة أيام وثلاث ليال (٧٢ ساعة) بدون أكل أو شرب.

وتصف بقية سفر أستير نتيجة الصوم والصلاة، فقد تغيرت سياسة مملكة فارس تماماً لصالح اليهود، وهلك هامان وأولاده، وواجه أعداء اليهود في مملكة فارس هزيمة مرة، وصار مردخاي وأستير أهم شخصيتين مؤثرتين في البلاط الفارسي، وتمتع اليهود بسلام وازدهار. ويرجع الفضل كله لسبب واحد هو الصوم الجماعي والصلاة من كل شعب الله.

نجاة نينوى ودمار السامرة

أخذنا النماذج الثلاثة للصوم الجماعي والصلاة من تاريخ بني إسرائيل. ونأخذ النموذج الثالث من دولة من الأمم. وتسجل لنا

نبوة يونان معاملة الله مع مدينة نينوى عاصمة المملكة الأشورية القوية جداً في العالم القديم. ويصوّر الكتاب المقدس نينوى كمدينة قاسية عنيفة وثنية مؤهَّلة للعقاب الإلهي. ودعا الله النبي يونان ليعلن لنينوى اقتراب سقوطها.

ورفض يونان في أول الأمر أن يذهب، فقد كان من مواطني مملكة السامرة، وكان يعرف أن المملكة الأشورية في ذلك الوقت عدوة وطنه، فيكون العقاب الإلهي عليها حمايةً لبلاده، كما أن رحمة الله عليها تعرِّض بلاده للخطر. ولهذا تردد يونان في الذهاب إلى نينوى ليعلن العقاب الإلهي عليها.

على أنه قَبِل أن يذهب بعد أن أدخله الله في جوف الحوت، وكانت رسالته النبوية بسيطة للغاية: «**بَعْدَ أَرْبَعِينَ يَوْماً تَنْقَلِبُ نِينَوَى**» (يونان ٣ : ٤). وتجاوب أهل نينوى كان إيجابياً وفورياً مع ما سمعوه، وتعبر عنه الآيات التالية:

«**فَآمَنَ أَهْلُ نِينَوَى بِاللَّهِ، وَنَادُوا بِصَوْمٍ وَلَبِسُوا مُسُوحاً مِنْ كَبِيرِهِمْ إِلَى صَغِيرِهِمْ. وَبَلَغَ الأَمْرُ مَلِكَ نِينَوَى، فَقَامَ عَنْ كُرْسِيِّهِ وَخَلَعَ رِدَاءَهُ عَنْهُ وَتَغَطَّى بِمِسْحٍ، وَجَلَسَ عَلَى الرَّمَادِ. وَنُودِيَ فِي نِينَوَى عَنْ أَمْرِ الْمَلِكِ وَعُظَمَائِهِ: «لاَ تَذُقِ النَّاسُ وَلاَ الْبَهَائِمُ وَلاَ الْبَقَرُ وَلاَ الْغَنَمُ شَيْئاً. لاَ تَرْعَ وَلاَ تَشْرَبْ مَاءً. وَلْيَتَغَطَّ بِمُسُوحٍ النَّاسُ وَالْبَهَائِمُ وَيَصْرُخُوا**

إِلَى اللَّه بِشِدَّةٍ، وَيَرْجِعُوا كُلُّ وَاحِدٍ عَنْ طَرِيقِهِ الرَّدِيئَةِ وَعَنِ الظُّلْمِ الَّذِي فِي أَيْدِيهِمْ، لَعَلَّ اللَّه يَعُودُ وَيَنْدَمُ وَيَرْجِعُ عَنْ حُمُوِّ غَضَبِهِ فَلاَ نَهْلِكَ» (يونان ٣ : ٥-٩).

ولا يذكر تاريخ العهد القديم حادثة توبة جماعية مثل هذه الحادثة، فقد توقف كل نشاط في نينوى، ونادى الملك والنبلاء بصوم كانوا هم البادئين به، شاركهم فيه كل الناس والبهائم والبقر والغنم، وألقى الجميع أنفسهم على رحمة الله، فكان الصوم الجماعي أكمل تعبير على التذلل والحزن القلبي.

واستجاب الله لصوم أهل نينوى كما تقول آية ١٠ **«فَلَمَّا رَأَى اللَّهُ أَعْمَالَهُمْ أَنَّهُمْ رَجَعُوا عَنْ طَرِيقِهِمِ الرَّدِيئَةِ، نَدِمَ اللَّهُ عَلَى الشَّرِّ الَّذِي تَكَلَّمَ أَنْ يَصْنَعَهُ بِهِمْ فَلَمْ يَصْنَعْهُ»**. وهكذا نجت نينوى في الساعة الأخيرة، واستمرت كمدينة عظيمة ناجحة نحو ١٥٠ سنة حتى تدمرت عام ٦١٢ ق م كما تنبأ عليها بعد ذلك النبيان ناحوم وصفنيا.

مبادئ ليومنا هذا

يصوّر تعامل الله مع نينوى مبدأ كشف النبي إرميا عنه، في قول الله:

«تَارَةً أَتَكَلَّمُ عَلَى أُمَّةٍ وَعَلَى مَمْلَكَةٍ بِالْقَلْعِ وَالْهَدْمِ وَالإِهْلاَكِ، فَتَرْجِعُ تِلْكَ الأُمَّةُ الَّتِي تَكَلَّمْتُ عَلَيْهَا عَنْ شَرِّهَا، فَأَنْدَمُ عَنِ الشَّرِّ الَّذِي قَصَدْتُ أَنْ أَصْنَعَهُ بِهَا. وَتَارَةً أَتَكَلَّمُ عَلَى أُمَّةٍ وَعَلَى مَمْلَكَةٍ بِالْبِنَاءِ وَالْغَرْسِ، فَتَفْعَلُ الشَّرَّ فِي عَيْنَيَّ فَلاَ تَسْمَعُ لِصَوْتِي، فَأَنْدَمُ عَنِ الْخَيْرِ الَّذِي قُلْتُ إِنِّي أُحْسِنُ إِلَيْهَا بِهِ» (إرميا ١٨ : ٧-١٠).

في تعامل الله مع الأمم نجد تشابه مواعيد الله بالبركة وتحذيراته بالقضاء- فكلاهما مشروطان. فيمكن أن توقف التوبةُ الدينونةَ حتى في الساعة الأخيرة. كما أن البركة يمكن أن تتوقف في حالة العصيان.

فإذا قارَنّا مصير أشور بمصير مملكة السامرة نجد مبادئ أساسية لا زالت تُطبَّق إلى يومنا هذا. ففي القرن الثامن قبل الميلاد أعلن الله العقاب على نينوى بواسطة النبي يونان، فاستجاب أهل نينوى لنداء الله وتابوا توبة جماعية. وفي الزمن نفسه سمعت مملكة السامرة تحذير الله المتكرر من يونان وأربعة أنبياء آخرين معه هم عاموس وهوشع وإشعياء وميخا، فرفضت التحذير ولم تتب.

فماذا كانت النتيجة؟ صارت مملكة أشور وعاصمتها نينوى قضيب تأديب لمملكة السامرة، ففي سنة ٧٢١ ق م استولى الأشوريون على السامرة ودمروها وسبوا كل أهلها. وأيَّد هذا السبي والخراب النظرية القائلة «**التعوُّد يولِّد الاحتقار**». فقد تلقَّت

السامرة عبر تاريخها إعلانات إلهية وسمعت نداء أنبياء كثيرين ولكنها رفضت الكل. أما نينوى فلم تكن قد تلقَّت أي إعلان من الله، ولم يزُرها إلا نبي واحد، فقبلت الرسالة والنبي. وهذا يحذرنا نحن الذين نعيش في بلاد سمعت رسالة الله. فلا يجب أن يولدّ تعوّدنا على الاستماع إهمالاً لصوت الله وتغافلاً عنه.

ولا زال الله يكّلم الأمم والممالك اليوم على فم خدامه بالروح القدس، ويدعو للتوبة والصوم وتذلل. وكل من يقبل النداء الإلهي يفتقده الله برحمته، أما الذين يرفضون فسيحل بهم العقاب السماوي.

الفصل الثامن

الصوم يجهِّز لمطر الله المتأخر

نلمس في كل الكتاب المقدس التوازن الدقيق بين تحقيق مقاصد الله المقدَّرة سلفاً والممارسات البشرية التي يمارسها الناس بمحض إرادتهم الحرة. فمن جهة نجد أن مقاصد الله الأزلية المُعلنة في المواعيد والنبوات والكلمة المقدسة لا بد أن تتحقق. ومن جهة أخرى هناك أوقات يطلب الله فيها أن تكون ممارسة الإيمان البشري والإرادة البشرية شرطاً أساسياً لتحقيق مقاصده. ومن جوهر الصلاة التوسلية أن نفهم هذا التوازن الدقيق، ونمارسه في صلواتنا.

نموذج توسُّل دانيال

هناك نموذج من سفر دانيال ينير لنا الطريق. قال دانيال:

«فِي السَّنَةِ الأُولَى مِنْ مُلْكِهِ (مُلك داريوس)، أَنَا دَانِيآلَ فَهِمْتُ مِنَ الْكُتُبِ عَدَدَ السِّنِينَ الَّتِي كَانَتْ عَنْهَا كَلِمَةُ الرَّبِّ إِلَى إِرْمِيَا النَّبِيِّ لِكَمَالَةِ سَبْعِينَ سَنَةً عَلَى خَرَابِ أُورُشَلِيمَ. فَوَجَّهْتُ وَجْهِي إِلَى

اللَّهِ السَّيِّدِ طَالِباً بِالصَّلاَةِ وَالتَّضَرُّعَاتِ بِالصَّوْمِ وَالْمِسْحِ وَالرَّمَادِ» (دانيال ٩ : ٢، ٣).

كان دانيال نبياً وكان دارساً لما سبقه من نبوات. وأثناء دراسته لنبوة إرميا اكتشف أحد مواعيد الله «**لأَنَّهُ هكَذَا قَالَ الرَّبُّ. إِنِّي عِنْدَ تَمَامِ سَبْعِينَ سَنَةً لِبَابِلَ أَتَعَهَّدُكُمْ، وَأُقِيمُ لَكُمْ كَلاَمِي الصَّالِحَ بِرَدِّكُمْ إِلَى هَذَا الْمَوْضِعِ** (أرض إسرائيل)» (إرميا ٢٩ : ١٠). وأدرك دانيال أن السبعين سنة قد كملت، وعليه فإن ساعة النجاة ورد السبي قد حانت.

وقد تحدثنا في الفصل الرابع من هذا الكتاب عن صلاة دانيال الواردة في (٦ : ١٠) وعرفنا أن دانيال كان معتاداً على الصلاة والتوسل ثلاث مرات يومياً طالباً عودة بني إسرائيل إلى أرضهم، وكشفت له نبوة إرميا أن وقت استجابة صلاته قد جاء. ونتعلم من رد فعل دانيال على هذه النبوة درساً في الصلاة التوسلية. فلو قرأ نبوة إرميا شخص جسدي الفكر لظنَّ أنه لا داعي لمزيد من الصلاة، وكان يقول: إن كان الله قد وعد برد سبي بني إسرائيل في هذا الوقت، فما هو الداعي للصلاة؟

أما رد فعل دانيال فكان على العكس من هذا تماماً، لأنه لم يفسر الوعد الإلهي باعتباره إذناً بالتخلي عن الصلاة والتوسل، بل

فسره على أنه تحدٍّ لطلب الرب بغيرة أكبر من كل الماضي، عبَّر عنه بالقول «**فَوَجَّهْتُ وَجْهِي إِلَى اللهِ**». ويمر بكل منا وقت نحتاج فيه إلى توجيه وجوهنا إلى الله بالصلاة فلا يحبطنا ولا يعطلنا ولا يؤخرنا ولا يعوقنا شيء عن الصلاة إلى أن نحصل على كمال تأكيد الاستجابة حسب وعود كلمة الله.

وعندما أدرك دانيال أن صلاته ستُستجاب أراد أن يؤيدها بالصوم، فقال «**طَالِباً بِالصَّلاَةِ وَالتَّضَرُّعَاتِ بِالصَّوْمِ وَالْمَسْحِ وَالرَّمَادِ**» والمسح والرماد برهان منظور على النوح، وهكذا نرى أن الصوم يقترن بالنوح. وإذ ندرس صلاة دانيال في الآيات التالية نرى كيف يقترن الصوم والنوح بتذليل النفس. ولا شك أن دانيال من أبرّ الأشخاص الذين ذكرتهم كلمة الله وأكثرهم تقوى، ولو أنه لم يقُل أبداً إنه أفضل من الأشخاص الذين يتوسل إلى الله من أجلهم، بل بالعكس فقد ربط بينه وبينهم في الاعتراف بالضلال والارتداد، وقال «**أَخْطَأْنَا وَأَثِمْنَا وَعَمِلْنَا الشَّرَّ، وَتَمَرَّدْنَا وَحِدْنَا عَنْ وَصَايَاكَ وَعَنْ أَحْكَامِكَ.. لَكَ يَا سَيِّدُ الْبِرُّ، أَمَّا لَنَا فَخِزْيُ الْوُجُوهِ، كَمَا هُوَ الْيَوْمَ لِرِجَالِ يَهُوذَا وَلِسُكَّانِ أُورُشَلِيمَ، وَلِكُلِّ إِسْرَائِيلَ الْقَرِيبِينَ وَالْبَعِيدِينَ فِي كُلِّ الأَرَاضِي الَّتِي طَرَدْتَهُمْ إِلَيْهَا مِنْ أَجْلِ خِيَانَتِهِمِ الَّتِي خَانُوكَ إِيَّاهَا**» (آيتين ٥، ٧). فقال أثمنا ولم يقل أثموا. ورأى نفسه مع شعبه يستحق العقاب الإلهي، ولهذا كانت صلاة دانيال فعالة،

وهذا ظاهر من ثلاثة أمور: صومه، ونوحه، وتذلّله. وقد ذكر الله في (٢أخبار ٧: ١٤) الشروط التي يجب أن تكون قبل أن يبرئ الله أرض شعبه:

«فَإِذَا تَوَاضَعَ شَعْبِي الَّذِينَ دُعِيَ اسْمِي عَلَيْهِمْ، وَصَلُّوا وَطَلَبُوا وَجْهِي، وَرَجَعُوا عَنْ طُرُقِهِمِ الرَّدِيئَةِ، فَإِنِّي أَسْمَعُ مِنَ السَّمَاءِ وَأَغْفِرُ خَطِيَّتَهُمْ وَأُبْرِئُ أَرْضَهُمْ».

وهنا يطالب الله بأربعة أمور: أن يتواضع شعبه، وأن يصلّوا، وأن يطلبوا وجهه، وأن يتوبوا عن رداءتهم. فإذا قاموا بهذه كلها يعدهم أن يستجيب صلواتهم ويبرئ أرضهم.

وفي مثال دانيال الذي نتأمله نرى تنفيذ مطالب الله الأربعة، فقد تواضع دانيال، وصلّى وطلب وجه الله، وتشابه مع شعبه في الاعتراف بالخطية وإعلان التوبة منها، فحقّق الله وعده، واستجابةً لصلاة دانيال رجع بنو إسرائيل من السبي، وبرئت أرضهم.

ويوضح دانيال لنا، كما يوضح لنا عظماء أبطال الكتاب المقدس ما قصدنا أن نقوله في هذا الكتاب: إن الصلاة والصوم يشكلان التاريخ. فعندما جاء دانيال كشاب إلى بابل غيَّرت صلاته (بالإضافة إلى موهبة تفسير الأحلام) قلب الملك نبوخذنصر وجاءت بالخير على بني إسرائيل المسبيين في بابل. وبعد أن شاخ

دانيال وجاءت مملكة مادي وفارس بعد مملكة بابل فتحت صلاته لبني إسرائيل باب الرجوع من السبي إلى أرضهم. ويمكننا القول أن صلاة دانيال كانت من وراء كل التغييرات المتتابعة في مصير بني إسرائيل.

ومن دراسة صلاة دانيال يبرز أمامنا درسٌ هام هو أن النبوات ومواعيد الله في الكتاب المقدس لن تكون مبرراً للتوقف عن الصلاة والطلب، بل على العكس فإن هذه المواعيد يجب أن تحضنا للصلاة بفهم وحماس، لأن الله يكشف لنا فيها أهدافه، لا لنقف متفرجين هامشيين، لكن لنكون عاملين على تحقيق هذه الأهداف. إن المعرفة تعني العمل!

نداء يوئيل الثلاثي

ويمكن أن نرى تطبيق هذا الدرس في انسكاب الروح القدس الذي كان بداءة المسيحية، وهو ما تنبأ به يوئيل، وفي نبوته أعلن الله أنه سيفتقد عالمنا بهذا الانسكاب على الجميع:

«وَيَكُونُ بَعْدَ ذَلِكَ أَنِّي أَسْكُبُ رُوحِي عَلَى كُلِّ بَشَرٍ، فَيَتَنَبَّأُ بَنُوكُمْ وَبَنَاتُكُمْ، وَيَحْلَمُ شُيُوخُكُمْ أَحْلاَماً، وَيَرَى شَبَابُكُمْ رُؤًى» (يوئيل ٢: ٢٨).

وفي يوم الخمسين عندما انسكب الروح القدس لأول مرة، قال الرسول بطرس:

«**بَلْ هَذَا مَا قِيلَ بِيُوئِيلَ النَّبِيِّ: يَقُولُ اللهُ: وَيَكُونُ فِي الأَيَّامِ الأَخِيرَةِ أَنِّي أَسْكُبُ مِنْ رُوحِي عَلَى كُلِّ بَشَرٍ، فَيَتَنَبَّأُ بَنُوكُمْ وَبَنَاتُكُمْ، وَيَرَى شَبَابُكُمْ رُؤًى، وَيَحْلُمُ شُيُوخُكُمْ أَحْلاَماً**» (أعمال ٢ : ١٦، ١٧).

ونجد اختلافاً بين النبوة كما جاءت في يوئيل، وتتميمها كما جاء في الأعمال. قال يوئيل «**وَيَكُونُ بَعْدَ ذَلِكَ**». وقال بطرس «**وَيَكُونُ فِي الأَيَّامِ الأَخِيرَةِ**». فقد طبَّق بطرس النبوة على حاضره، فكان يوم الخمسين هو بداية ما يُسمى «**الأَيَّامِ الأَخِيرَةِ**». وستستمر فترة «**الأَيَّامِ الأَخِيرَةِ**» حتى نهاية عصرنا الحاضر. وحدد لنا بطرس بداية هذا العصر.

وجاءت نبوة يوئيل عن انسكاب الروح القدس في عبارتين: «**الْمَطَرَ الْمُبَكِّرَ**» و«**الْمَطَرَ الْمُتَأَخِّرَ**» كما يقول (يوئيل ٢ : ٢٣) «**لأَنَّهُ** (الرب) **يُعْطِيكُمُ الْمَطَرَ الْمُبَكِّرَ عَلَى حَقِّهِ، وَيُنْزِلُ عَلَيْكُمْ مَطَراً مُبَكِّراً وَمُتَأَخِّراً فِي أَوَّلِ الْوَقْتِ**». ويشير المطر إلى انسكاب الروح. وفي فلسطين ينزل المطر المبكر في أول الشتاء (حوالي شهر نوفمبر) وينزل المطر المتأخر في آخر الشتاء (حوالي شهر مارس أو أبريل). ويتزامن المطر المتأخر مع عيد الفصح الذي كانوا يحتفلون به في

«**أَوَّلُ شُهُورِ السَّنَةِ**» العبرية (خروج ١٢ : ١-١٢). ويمكننا أن نقول إن مطـر الروح القدس المبكر يشـير إلى بدء الأيـام الأخيرة، بينما يشـير المطر المتأخر إلى نهاية هذه الأيام، والله يبدأ ويختم تعاملاته مع الكنيسة على الأرض بانسكاب الروح القدس. وسقط أول مطر الروح القدس المبكر على الكنيسة الأولي، ويسقط الآن مطر الروح القدس المتأخر على الكنيسة كلها.

ولنرجع إلى (نبـوة يوئيل ٢ : ٢٨) «**وَيَكُونُ بَعْدَ ذَلِكَ أَنِّي أَسْكُبُ رُوحِي عَلَى كُلِّ بَشَرٍ، فَيَتَنَبَّأُ بَنُوكُمْ وَبَنَاتُكُمْ، وَيَحْلَمُ شُيُوخُكُمْ أَحْلاَماً، وَيَـرَى شَبَابُكُمْ رُؤًى**». فحيث قال بطـرس «**فِي الأَيَّامِ الأَخِيرَةِ**» يقول يوئيـل «**بَعْـدَ ذَلِكَ**». ولكـي نفهم نبوة يوئيل يجب أن نفسـر «**بَعْدَ ذَلِكَ**» تفسـيراً صحيحاً. فما هو «**ذَلِكَ**»؟ هو شيء سبق أن ذكره في نبوته.

فلـو قرأنـا مطلع نبـوة يوئيـل وجدنا منظـر خـراب لا أمل في إصلاحه، يؤثر في كل جزء من جماعة الرب. الكل خراب ولا ثمر هناك. لا بارقة أمل، ولا علاج إنسـاني. فماذا قال لشعب الرب؟.. قـال إن العلاج في الصوم الجماعي «**قَدِّسُوا صَوْماً. نَـادُوا بِاعْتِكَافٍ. اجْمَعُـوا الشُّيُوخَ جَمِيعَ سُكَّانِ الأَرْضِ إِلَى بَيْتِ الرَّبِّ إِلَهِكُمْ وَاصْرُخُوا إِلَى الرَّبِّ**» (يوئيل ١ : ١٤). والتقديس هو التخصيص، فالله يدعو لإفراز وقت لصوم جماعي يسـبق كل نشاط تعبدي أو عمل أرضي،

خصوصاً من جانب الشيوخ والرؤساء أصحاب المسئولية القيادية، ومعهم كل سكان الأرض بلا استثناء. فليتحدوا جميعاً لمواجهة الكارثة كما حدث في أيام يهوشافاط وعزرا وأستير.

ويتكرر النداء في (يوئيل ٢ : ١٢) «**وَلَكِنِ الآنَ يَقُولُ الرَّبُّ: ارْجِعُوا إِلَيَّ بِكُلِّ قُلُوبِكُمْ، وَبِالصَّوْمِ وَالْبُكَاءِ وَالنَّوْحِ**». ففي وقت مثل هذه الكارثة لا تكفي الصلاة وحدها، بل يجب أن يصحبها الصوم والبكاء والنوح.

ويتكرر النداء في (يوئيل ٢ : ١٥) «**اضْرِبُوا بِالْبُوقِ فِي صِهْيَوْنَ. قَدِّسُوا صَوْماً. نَادُوا بِاعْتِكَافٍ**» ففي صهيون يجتمع شعب الرب، يدعوهم البوق، أقوى وسيلة للإعلان، فليس هذا الصوم سرياً خاصاً بل هو علني جماعي، يكرر الدعوة له ثلاث مرات.

ويستمر يوئيل يقول:

«**اجْمَعُوا الشَّعْبَ. قَدِّسُوا الْجَمَاعَةَ. احْشُدُوا الشُّيُوخَ. اجْمَعُوا الأَطْفَالَ وَرَاضِعِي الثُّدِيِّ. لِيَخْرُجِ الْعَرِيسُ مِنْ مِخْدَعِهِ، وَالْعَرُوسُ مِنْ حَجَلَتِهَا. لِيَبْكِ الْكَهَنَةُ خُدَّامُ الرَّبِّ بَيْنَ الرِّوَاقِ وَالْمَذْبَحِ، وَيَقُولُوا: اشْفِقْ يَا رَبُّ عَلَى شَعْبِكَ، وَلاَ تُسَلِّمْ مِيرَاثَكَ لِلْعَارِ حَتَّى تَجْعَلَهُمُ الأُمَمُ مَثَلاً. لِمَاذَا يَقُولُونَ بَيْنَ الشُّعُوبِ: أَيْنَ إِلَهُهُمْ؟**» (يوئيل ٢ : ١٦، ١٧).

ومـع أن كل الشـعب مدعـو للصـوم ، إلا أن هنـاك تنبيـر على القيـادات من كهنة وخدام الرب والشـيوخ . وفي الفصل السـادس مـن هذا الكتاب رأينا مسئولية القادة في تقديم القدوة في كنيسـة العهد الجديد .

ثلاث مرات يدعـو الرب شـعبه للصـوم ، ثـم يأتي الوعـد في (آية ٢٨) «وَيَكُونُ بَعْدَ ذَلِكَ أَنِّي أَسْكُبُ رُوحِي عَلَى كُلِّ بَشَرٍ» . بعد ماذا ؟ بعـد أن يكون شـعب الـرب قد أطاعوا نـداء الرب للصـوم والصلاة . واليوم نرى سـكيب الروح القدس بمقدار ، وهناك الدليل على أن زمن المطـر المتأخـر قد جاء بكمية أقل من الكمية التي يعدنـا بها الكتاب المقـدس . والله ينتظـر منا أن نحقـق انتظاراته في صـلاة متحدة وصوم جماعي لنتمتع جميعاً بالمطر المتأخر .

إن حالنـا اليوم يشـبه حال دانيال في بـدء حكم الملك داريوس ، فقد رأى دانيال الله يتحرك في الحالة السياسـية ، ورأى في كلمة الله أن وقـت الله قد جاء ليرد شـعبه . ولما حُثَّ بهذه الشـهادة المزدوجة انصرف للصوم والصلاة حتى يتحقق وعد الله .

في زمن دانيال كان هدف الله أن يرد سـبي شعبه بسـبب طاعتهم بعد أن سُبوا من أرضهم بسـبب عصيانهم . وهـذا ما يصدق علينا اليوم ، فسـكيب روح الله علينا يعني رد سبينا كما قال الله «وَأُعَوِّضُ لَكُمْ عَنِ السِّنِينَ الَّتِي أَكَلَهَا الْجَرَادُ» (يوئيل ٢ : ٢٥) .

اختبرت الكنيسة الأمريكية إصلاحاً منذ نحو ٣٥٠ سنة، واليوم لا يهتم الرب بالإصلاح بل برد السبي، وهو يريد أن يرد لنا كل الميراث الذي ضاع منا، فيجيء المطر المتأخر للكنيسة التي تممت شروط النقاء والقوة والنظام. وهنا، وهنا فقط تتمكن الكنيسة من تحقيق مصيرها في العالم، وهذا ما يريده الله لنا اليوم.

أصحاح الصوم العظيم في إشعياء

من المناسب أن نختم دراستنا عن الصوم في العهد القديم بما جاء في (إشعياء ٥٨)، ففي أصحاح الصوم العظيم هذا يصف إشعياء نوعين مختلفين من الصوم. ففي (آيات ٣-٥) يصف الصوم المرفوض، وفي (آيات ٦-١٢) يصف الصوم الذي يرضي الله. ويكمن الخطأ في النوع المرفوض إلى دوافع الذين يمارسونه.

«هَا إِنَّكُمْ فِي يَوْمِ صَوْمِكُمْ تُوجِدُونَ مَسَرَّةً، وَبِكُلِّ أَشْغَالِكُمْ تُسَخِّرُونَ. هَا إِنَّكُمْ لِلْخُصُومَةِ وَالنِّزَاعِ تَصُومُونَ، وَلِتَضْرِبُوا بِلَكْمَةِ الشَّرِّ. لَسْتُمْ تَصُومُونَ كَمَا الْيَوْمَ لِتَسْمِيعِ صَوْتِكُمْ فِي الْعَلاَءِ. أَمِثْلُ هذَا يَكُونُ صَوْمٌ أَخْتَارُهُ؟ يَوْماً يُذَلِّلُ الإِنْسَانُ فِيهِ نَفْسَهُ، يُحْنِي كَالأَسَلَةِ رَأْسَهُ وَيَفْرِشُ تَحْتَهُ مِسْحاً وَرَمَاداً. هَلْ تُسَمِّي هذَا صَوْماً وَيَوْماً مَقْبُولاً لِلرَّبِّ؟» (إشعياء ٥٨ : ٣-٥).

كان الصوم الموصوف هنا مجرد طقس ديني يخلو من التوبة والتذلل، كما كان الفريسيون يمارسونه أيام المسيح، بل إنهم استمروا في نشاطات عملهم اليومي، يمارسون شرورهم من خصومة وكبرياء وأنانية وظلم. وكان الواحد منهم «**يُحْنِي كَالأَسَلَةِ رَأْسَهُ**» كما لا يزال اليهود الأرثوذكس يفعلون اليوم، ويكررون صلواتهم بميكانيكية دون التركيز على معنى ما يقولون.

أما الصوم الذي يُرضي الرب فإنه ينبع من دوافع مختلفة تماماً، يقول عنه في (آية ٦) «**حَلَّ قُيُودِ الشَّرِّ، فَكَّ عُقَدِ النِّيرِ، وَإِطْلاَقَ الْمَسْحُوقِينَ أَحْرَاراً، وَقَطْعَ كُلِّ نِيرٍ**». ويؤكد لنا الوحي والاختبار أن هناك قيود شر تكبِّل البعض، وعُقد نير لا تُفك، وأن هناك أشخاصاً مسحوقين يجب أن يتحرروا، وأنياراً يجب قطعها عنهم. وعلى شعب الرب وخصوصاً قادتهم أن يخضعوا لله بالصوم والصلاة لمساعدة هؤلاء البائسين.

واستمر إشعياء يصف الموقف الفكري من نحو الآخرين، خصوصاً المحتاجين والمقهورين، وهو الموقف الذي يشكل جزءاً من الصوم الذي يقبله الله. فيقول «**أَلَيْسَ أَنْ تَكْسِرَ لِلْجَائِعِ خُبْزَكَ، وَأَنْ تُدْخِلَ الْمَسَاكِينَ التَّائِهِينَ إِلَى بَيْتِكَ؟ إِذَا رَأَيْتَ عُرْيَاناً أَنْ تَكْسُوهُ، وَأَنْ لاَ تَتَغَاضَى عَنْ لَحْمِكَ**» (آية ٧). فالصوم المقبول لا ينفصل عن المحبة والعطاء خصوصاً للمحتاجين إلى العون المادي والمالي.

ويعود إشعياء يدين الصوم الذي يرفضه الله، ويفارق بينه وبين الصوم المقبول المصحوب بالحنان والعطاء، فيقول:

«إنْ نَزَعْتَ مِنْ وَسَطِكَ النِّيرَ وَالإِيمَاءَ بِالإِصْبعِ وَكَلاَمَ الإِثْمِ، وَأَنْفَقْتَ نَفْسَكَ لِلْجَائِعِ، وَأَشْبَعْتَ النَّفْسَ الذَّلِيلَةَ» (آيتين ٩، ١٠). ومعاني **«النِّيرَ وَالإِيمَاءَ بِالإِصْبعِ، وَكَلاَمَ الإِثْمِ»** هي التقيُّد بالحرف، والانتقاد، وعدم الصدق.

والآن تعالوا ندرس البركات التي يعد الله بها من يمارسون الصوم المقبول من الله، وأولها الصحة والبر:

«حِينَئِذٍ يَنْفَجِرُ مِثْلَ الصُّبْحِ نُورُكَ، وَتَنْبُتُ صِحَّتُكَ سَرِيعاً، وَيَسِيرُ بِرُّكَ أَمَامَكَ، وَمَجْدُ الرَّبِّ يَجْمَعُ سَاقَتَكَ» (آية ٨). وهذا يتفق مع وعد (ملاخي ٤ : ٢) **«وَلَكُمْ أَيُّهَا الْمُتَّقُونَ اسْمِي تُشْرِقُ شَمْسُ الْبِرِّ وَالشِّفَاءُ فِي أَجْنِحَتِهَا»** وملاخي يتحدث عن البركة للحقبة السابقة مباشرة لعصرنا الحاضر.

ويصف إشعياء بركة الصلاة المستجابة فيقول **«حِينَئِذٍ تَدْعُو فَيُجِيبُ الرَّبُّ. تَسْتَغِيثُ فَيَقُولُ: هَئَنَذَا»** (إشعياء ٥٨ : ٩) فالله قريب جداً من دعاء المؤمن، جاهز دوماً ليسد الاحتياج.

ثم يصف إشعياء بركة الإرشاد والإثمار، فيقول:

«**يُشْرِقُ فِي الظُّلْمَةِ نُورُكَ، وَيَكُونُ ظَلاَمُكَ الدَّامِسُ مِثْلَ الظُّهْرِ، وَيَقُودُكَ الرَّبُّ عَلَى الدَّوَامِ، وَيُشْبِعُ فِي الْجَدُوبِ نَفْسَكَ، وَيُنَشِّطُ عِظَامَكَ، فَتَصِيرُ كَجَنَّةٍ رَيَّا، وَكَنَبْعِ مِيَاهٍ لاَ تَنْقَطِعُ مِيَاهُهُ**» (آيتين ١٠، ١١).

وأخيراً يصف إشعياء بركة رد السبي، فيقول:

«**وَمِنْكَ تُبْنَى الْخِرَبُ الْقَدِيمَةُ. تُقِيمُ أَسَاسَاتِ دَوْرٍ فَدَوْرٍ، فَيُسَمُّونَكَ مُرَمِّمَ الثُّغْرَةِ، مُرْجِعَ الْمَسَالِكِ لِلسُّكْنَى**» (آية ١٢).

لقد ربط إشعياء (كما فعل يوئيل) بين الصوم ورد سبي الشعب، وختم حديثه عن باني الخرب القديمة، ومرمم الثغرة، ومرجع المسالك للسكنى. ويريد الرب اليوم أن يرد سبينا عن طريق صلاتنا وصومنا.

ويواجهنا الله بكلمته ذات السلطان لنأخذ قراراً شخصياً. يقول في (حزقيال ٢٢ : ٣٠) «**وَطَلَبْتُ مِنْ بَيْنِهِمْ رَجُلاً يَبْنِي جِدَاراً وَيَقِفُ فِي الثَّغْرِ أَمَامِي عَنِ الأَرْضِ لِكَيْلاَ أَخْرِبَهَا**» ولا زال الله يفتش عن هذا الشخص، فهل تقدم نفسك لتكون هذا الشخص؟ هل تتكرس للصلاة والصوم؟ هل تنضم إلى فريق يصلي ويصوم؟

الفصل التاسع

خطوط إرشادية عملية للصوم

تبدو فكرة الصوم لأغلبية المؤمنين في يومنا هذا غريبة ومخيفة ، وكثيراً ما أعظ عن الصوم فيأتيني من يسأل : « كيف أبدأ الصوم ؟ » . . « هـل هناك مخاطر في الصوم أتجنَّبها ؟ » . . « هل عندك لي إرشـادات عملية للصوم ؟ » .

الصوم شبيه بالصلاة

تقريباً كل من يسـألون عن ممارسـة الصوم هم أشخاص يمارسون الصلاة ، فلنبدأ بأن نشرح كيف يشبه الصوم الصلاة .

كل مؤمن مسـئول أن يطور حياة صلاته الخاصة لتكون منتظمة ، فمـن الضـروري أن يخصص المؤمن وقتـاً محـدداً لصلاتـه اليومية . ويجد البعض أن يكون ذلك في الصباح الباكر قبل أن تبدأ مشاغل الحيـاة اليومية ، بينما يجـد البعض الآخر أن يكـون ذلك في نهاية اليوم . . كما يجد آخرون أن بداية اليوم ونهايته خير وقت للصلاة .

ويخضـع الاختيار بين هـذه الأوقات لراحة المصلي ولإرشـاد الروح القدس.

وبالإضافـة إلى هـذا الوقت المنتظم للصلاة يدعـو الروح القدس المؤمـن أحيانـاً ليصلي من أجل موضوع معين، بسـبب أزمة مُلِحّة أو احتياج عاجل أو مشـكلة صعبة.. ويواجـه المؤمن مثل هذا الضغط المُلِح بإضافة فرص صلاة أكثر مما اعتاد عليه يومياً.

وينطبـق هـذا المبدأ على الصـوم، فعلى المؤمـن أن يخصص وقتاً أسبوعياً معروفاً عنده للصوم، فيصبح للصوم نظام محدد في قائمة نشـاطاته التعبدية. وبالإضافة إلى هذا الوقت المعروف يدعو الروح القدس المؤمن أحياناً للصوم وقتاً أطول من أجل موضوع معين.

ومـن المدهش أن الجسـد يعدِّل نفسـه مع النظـام الجديد للصوم المنظم. وقد رعيت كنيسة في لندن من عام **١٩٤٩-١٩٥٦** اعتدت أثناءهـا مع زوجتـي أن نخصص يـوم الخميس للصوم الأسـبوعي، ووجدنا أن معدتنا كلينا اعتادت على صوم الخميس، وكأنها ساعة منبِّهة ترن في الوقت المحدد! وكان إذا حدث أننا نسـينا أن اليوم هو الخميس تذكر المعدة هذا ولا تطالب بطعام. وأذكر أن زوجتي قالت لـي مرة «لا بد أن اليوم هو الخميس لأني هذا الصباح لا أجد شـهية عندي للطعام!».

ونعرف أن الحركة الميثودستية في أيامها الأولي كانت تنبر بقوة على الصوم، وكان جون وسلي يصوم بانتظام، وكان ينادي بأن الكنيسة الأولي كانت تخصص يومي الأربعاء والجمعة أسبوعياً للصوم، وكان يشجع الميثودست على القيام بالأمر نفسه، بل إنه كان يرفض رسامة أي قسيس في طائفته إن كان لا يصوم هذين اليومين أسبوعياً حتى الرابعة بعد الظهر.

ولا بد أن نحذر أن يصبح تعوّدنا على الصوم المنتظم عملاً طقسياً وحسب، إذ يقول بولس في (غلاطية ٥ : ١٨) «**وَلَكِنْ إِذَا انْقَدْتُمْ بِالرُّوحِ فَلَسْتُمْ تَحْتَ النَّامُوسِ**». فالمؤمن المنقاد بالروح القدس لا يجب أن يصلي ويصوم كإجبار عليه كما كان ناموس موسى يجبر بني إسرائيل. وعلى المؤمن أن يحس بحريته في أن يغير يوم الصوم ونظامه الشخصي في ذلك حسب الحاجة، علماً بأن الروح القدس هو الذي يقود، فلا يؤنب المؤمن نفسه ولا يبكتها إن أجرى تغييراً في أسلوب ممارسة صومه.

وقد رأينا في الفصل السادس من هذا الكتاب أن المسيح استخدم التعبيرات نفسها عن كل من الصلاة والصوم، فقال عن الصلاة «**وَمَتَى صَلَّيْتَ** (بصيغة المفرد)» (متى ٦ : ٥) كما قال عن الصلاة الجماعية «**وَحِينَمَا تُصَلُّونَ**» (آية ٧). كما أنه استعمل نفس الأسلوب في الحديث عن الصوم، فقال بصيغة المفرد في (متى٦ : ١٧) «**وَأَمَّا**

أَنْتَ فَمَتَى صُمْتَ» كما قال عن الصوم الجماعي **«وَمَتَى صُمْتُمْ»** (آية ١٦).

وقد اعتاد المسيحيون أن يصلّوا كجماعة، وتجد اجتماع صلاة أسبوعياً في كل كنيسة تقريباً. وينبر الكتاب المقدس على الصوم الجماعي، وقد تأملنا في (الفصلين ٧، ٨) من هذا الكتاب أمثلة للصوم الجماعي في العهد القديم. كما تأملنا في (فصل ٦) من هذا الكتاب أن الكنيسة الأولى مارست الصوم الجماعي بقيادة قسوسها الذين كانوا نموذجيين في هذا.

ويعترض البعض على الصوم الجماعي بحُجة أن المسيح قال لتلاميذه:

«وَأَمَّا أَنْتَ فَمَتَى صُمْتَ فَادْهُنْ رَأْسَكَ وَاغْسِلْ وَجْهَكَ، لِكَيْ لاَ تَظْهَرَ لِلنَّاسِ صَائِماً، بَلْ لأَبِيكَ الَّذِي فِي الْخَفَاءِ. فَأَبُوكَ الَّذِي يَرَى فِي الْخَفَاءِ يُجَازِيكَ عَلاَنِيَةً» (متى ٦: ١٧، ١٨).

ولقد ذكرنا أن المسيح هنا يستخدم ضمير المخاطب المفرد، فهو هنا يخاطب مؤمناً بمفرده يصوم وحده، لا يحتاج أن يعلن عن صومه. غير أن المسيح خاطب الجمع بقوله في الآية السابقة:

«وَمَتَى صُمْتُمْ فَلاَ تَكُونُوا عَابِسِينَ كَالْمُرَائِينَ، فَإِنَّهُمْ يُغَيِّرُونَ وُجُوهَهُمْ لِكَيْ يَظْهَرُوا لِلنَّاسِ صَائِمِينَ. اَلْحَقَّ أَقُولُ لَكُمْ: إِنَّهُمْ قَدِ اسْتَوْفَوْا أَجْرَهُمْ» (آية ١٦).

وفي هذا القول ينهى المسيح عن التفاخر، ولكنه لا ينهى عن الصوم الجماعي. ومن المنطقي أنه عندما نصوم كجماعة نكون محتاجين أن نعلن عن مكان الصوم وموعده، وهذا ينفي السرية.

ولا شك أن الشيطان هو الذي يدعو لفكرة أن كل مؤمن يجب أن يصوم بمفرده سراً، لأن هذا يحرم شعب الرب من أقوى سلاح، هو سلاح الصوم الجماعي. والذين ينادون بالصوم الفردي السري يقولون إن هذا هو التواضع، ولكني أعتقد أنهم يطلقون اسم التواضع على العصيان وعدم الإيمان.

والآن وقد شرحنا تشابه نظام الصلاة والصوم نتقدم للحديث عن الصوم. ومن اختباري وصلتُ إلى خطوات إرشادية عن الصوم تعطي أقصى فائدة منه، أوردها باختصار. وأبدأ بالإرشادات عن الصوم الانفرادي، ثم أتحدث عن الصوم الجماعي.

إرشادات بخصوص الصوم الانفرادي

١- ادخُلْ إلى الصوم بإيمان إيجابي، فالله يطلب الإيمان في الذين يطلبونه لأنه **«بِدُونِ إِيمَانٍ لاَ يُمْكِنُ إِرْضَاؤُهُ، لأَنَّهُ يَجِبُ أَنَّ الَّذِي يَأْتِي إِلَى اللهِ يُؤْمِنُ بِأَنَّهُ مَوْجُودٌ، وَأَنَّهُ يُجَازِي الَّذِينَ يَطْلُبُونَهُ»** (عبرانيين ١١ : ٦). فإن كنت جاداً في طلب الرب بالصوم ستنتظر أن الرب يجازيك، كما وعد المسيح من يصوم بدافع

مقدس قائلاً «**فَأَبُوكَ الَّذِي يَرَى فِي الْخَفَاءِ يُجَازِيكَ عَلاَنِيَةً**» (متى ٦ : ١٨).

٢ـ اذكر أن «**الإِيمَان بِالْخَبَرِ، وَالْخَبَر بِكَلِمَةِ اللهِ**» (رومية ١٠ : ١٧). فيجب أن تبني صومك على أن كلمة الله تقول إن الصوم جزء هام من انضباطنا الروحي. وأرجو أن تكون الفصول الثلاثة السابقة من هذا الكتاب قد أوصلتك إلى هذه الحقيقة.

٣ـ لا تنتظر حتى يجيء عليك طارئ يدفعك للصوم، فمن المفيد أن تبدأ ممارسة الصوم وأنت في حالة روحية عالية، فتتقدم «**مِنْ قُوَّةٍ إِلَى قُوَّةٍ**» (مزمور ٨٤ : ٧)، و«**بِإِيمَانٍ لإِيمَانٍ**» (رومية ١ : ١٧)، و«**مِنْ مَجْدٍ إِلَى مَجْدٍ**» (٢ كورنثوس ٣ : ١٨).

٤ـ في البداية لا تصُم صوماً طويلاً. إن كنت مبتدئاً في الصوم فاترك وجبة أو وجبتين، ثم بالتدريج زد مدة الصوم إلى يوم أو اثنين، فمن الأفضل أن تبدأ ببطء وتنجح، لأنك ستُصاب بالإحباط لو صممت على المزيد وفشلت.

٥ـ في أثناء صومك اصرف وقتاً طويلاً في درس الكتاب. ومن المفيد أن تقرأ الكثير منه قبل الصلاة، وسيساعدك سفر المزامير في هذا كثيراً. اقرأ بصوت مرتفع وضع نفسك مكان المرنم في صلاته وتسبيحه واعترافاته.

٦ـ من المفيد أن تضع أهدافاً محددة لصومك، واكتبها. لأن إيمانك سيتقوى لو أنك كتبت وبعد وقتٍ قرأت ما كتبت واكتشفت أنك نلت ما كنت تهدف إليه.

٧ـ تحاش التفاخر والكبرياء، وعش حياتك العادية كما كنت تعيشها بغير تعالٍ، وتأمل تحذير المسيح في (متى ٦ : ١٦ـ١٨) ولا تنس القول «**فَأَيْنَ الافْتِخَارُ؟ قَدِ انْتَفَى!.. بِنَامُوسِ الإِيمَانِ**» (رومية ٣ : ٢٧). فنحن نمارس الصوم كتكليف من الله لنا، وكمسيحي حقيقي اذكر قول المسيح في (لوقا ١٧ : ١٠) «**مَتَى فَعَلْتُمْ كُلَّ مَا أُمِرْتُمْ بِهِ فَقُولُوا: إِنَّنَا عَبِيدٌ بَطَّالُونَ، لأَنَّنَا إِنَّمَا عَمِلْنَا مَا كَانَ يَجِبُ عَلَيْنَا**».

٨ـ في كل مرة تصوم انتبه لدوافعك، واصرف وقتاً تتأمل فيه ما جاء في (إشعياء ٥٨ : ١ـ١٢). راقب ما قد يكون فيك من دوافع لا تُرضي الله، وتأكد أن الله مسرور بأهدافك.

مظاهر بدنية للصوم

ممارسة الصوم ممارسة صحيحة تفيد الصحة البدنية للصائم، وإليك بعض النصائح التي تفيدك بدنياً من الصوم:

١ـ اذكر أن جسدك هيكل للروح القدس (١ كورنثوس ٦ : ١٩).

والله يُسر عندما تعتني بجسدك وتحفظه نظيفاً . ويعلن الكتاب أن من يمارس الصوم كما يجب يمنحه الله الصحة (إشعياء ٥٨ : ٨) .

٢ـ إن كنت تحت علاج أو إن كنت مريضاً مرضاً مزمناً (بالسكري أو السل مثلاً) فمن الواجب أن تحصل على نصيحة طبية قبل أن تصوم عن أكثر من وجبة أو وجبتين .

٣ـ عندما تبدأ الصوم ربما تشعر بأعراض بدنية مزعجة ، كالدوخة أو الصداع أو الغثيان . عادةً يقول لك بدنك إنك تأخرت في البدء بالصوم ، وإنك محتاج لعمل الصوم في التطهير البدني . لا تسمح لهذه الأعراض أن تعطلك عن الصوم . «ثَبِّتْ وَجْهَكَ» (حزقيال ٤ : ٣) واستمر في الصوم كما نويت ، وستنقص هذه الأعراض المزعجة بعد يوم أو اثنين .

٤ـ لا تنس أن الجوع عادة تعودناها . وفي بدء الصوم تعود إليك هذه العادة كلما جاء موعد وجبة الطعام الذي اعتدت عليه . فإذا استمر صومك سيختفي الشعور بالجوع بدون أن تأكل شيئاً . وأحياناً تنجح في أن تخدع معدتك بأن تشرب كوب ماء بدلاً من تناول الطعام .

٥ـ احترس من الإمساك ، وقبل وبعد أن تصوم اختر الوجبات التي تساعدك في هذا الخصوص ، فتناول فواكه طازجة ، واشرب

عصير فواكه، وتناول تيناً مجففاً وبرقوقاً وخوخاً ومشمشاً.. إلخ.

٦- يشرب البعض أثناء الصوم ماءً فقط،، بينما يشرب البعض عصير فواكه أو لبناً منزوع الدسم ، لكن من الأفضل تحاشي الشاي والقهوة لأنهما من المنبهات. لا تكن عبداً لنظريات الناس في الصوم، بل راقب ما يريحك شخصياً.

٧- يعلِّم الكتاب أننا يمكن أن نمتنع أحياناً عن الطعام وعن السوائل معاً لفترة ليست أطول من ٧٢ ساعة، فقد كان هذا ما طلبته الملكة أستير لها ولوصيفاتها (أستير ٤ : ١٦). فالامتناع عن السوائل أطول من ٧٢ ساعة له نتائج بدنية مدمرة. صحيح أن موسى صام مرتين أربعين يوماً بدون طعام وسوائل (تثنية ٩ : ٩-١٨) لكنه كان في محضر الله، على مستوى روحي غير عادي. فما لم تكن على مستوى موسى لا تتبع مثال موسى!

٨- توقف عن الصوم تدريجياً، وابدأ بوجبات سهلة الهضم. وكلما طال صومك يلزمك الاحتراس أكثر. عليك أن تمارس ضبط النفس بشدة، فإن الأكل الكثير الدسِم بعد صوم طويل له نتائج خطيرة، تضيّع الفائدة البدنية التي أخذتها من الصوم.

٩- عندما تصوم أكثر من يومين تنكمش معدتك، فلا تمددها مرة أخرى. فإن كنت من الآكلين المُكثرين فاحترس من العودة إلى

هذه العادة . وإذا عوَّدت معدتك أن تأكل قليلاً فستعدِّل نفسها مع الوضع الجديد !

إرشادات بخصوص الصوم الجماعي

ما ذكرناه في الإرشادات عـن الصوم الفـردي ينطبـق كله على الصـوم الجماعي . وفوق ذلك إليك إرشـادات أكثر خاصة بالصوم الجماعي .

١ـ ينبــر المسـيح على قوة الصـلاة التي يتفق فيهـا المؤمنون معاً (متـى ١٨ : ١٩) . وهـذا هـو الاتفـاق الـذي يجـب أن يطلبه الصائمون معاً : توافق وانسجام كاملين .

٢ـ على المشتـركين في الصوم الجماعي أن يصلّـوا من أجل بعضهم البعض طول مدة الصوم .

٣ـ على المتفقين على الصوم معاً أن يختاروا مكاناً يجتمعون فيه في مواعيد يتفقون عليها .

تسجيل لأمانة الله

من المناسب أن أختم هذا الفصل بشهادة شخصية عن أمانة الله . فخلال الخمسين سنة الماضية صرفت أوقاتاً في الصلاة والصوم ، كان

لبعضها أهداف سجلتها وهي محفوظة لديَّ، وعندما أرجع إليها أندهـش كثيراً لعدد الطرق التي استُجيبت بها. أحياناً كان يمضي وقت طويـل بين الطلب والاستجابة. وفي حالات كثيرة سجلت الطلبة ونسـيتها، ولكن سـجلاتي بعد ذلك تقـول إن الله لم ينسَ، فقد استجاب حتى ما نسيته !

وأمامي الآن سـجل لفترة صلاة وصـوم خصصتها عام ١٩٥١، استمرت ٢٤ يوماً من ٢٤ يوليو حتى ١٦ أغسطس وقت أن كنت أقوم بخدمة رعوية. في تلك الفترة تركت مسئولياتي الرعوية من وعظ خمـس مرات أسبوعياً، وعقد ثلاثة اجتماعات بالشـوارع. ومن الغريب أني سـجلت أهدافي من فترة الصلاة والصوم هذه بلغة العهد الجديد اليونانية لأني كنت أحسـبها خاصة جداً فلا يعرفها أحد معي سوى الله، فكتبتها في لغة يصعب على معظم الناس اليوم أن يفهموها. وقسمت قائمة طلباتي إلى خمسة أقسام :

* احتياجاتي الروحية الشخصية

* احتياجات عائلتي

* احتياجات الكنيسة

* احتياجات وطني (بريطانيا)

* احتياجات العالم

ولا أريد أن أفشي سر كثير من الأمور التي صليت من أجلها في تلك الفترة ، لكن هناك ما يمكن أن أتحدث عنه .

فعندما أراجع ما طلبته من أجل عائلتي أجد أنها قد استُجيبت كلها ، كان آخرها أن تخلُص أمي ، الأمر الذي استُجيب بعد ١٤ سنة .

ومـن بين ما طلبتـه لنفسـي كان أن يمتعني الـرب بأربع مواهب روحيـة ، منحنـي الـرب ثلاثـاً منهـا كانـت واضحـة بانتظـام في خدمتي .

أما طلبتي من أجل الكنيسة والعالم فقد استُجيبت إلى حد كبير في انسـكاب الروح القدس الذي يجري الآن . ولو أن شـعب الرب صامـوا وصلـوا بجدّيـة أكثر فإنـي أعتقد أننا سـنرى الروح القدس يتحرك في العالم كله بطريقة لم يشـهد التاريخ لها مثيلاً ، وتتحقق نبـوة حبقـوق « لأَنَّ الأَرْضَ تَمْتَلِئُ مِـنْ مَعْرِفَةِ مَجْدِ الـرَّبِّ كَمَا تُغَطِّي الْمِيَاهُ الْبَحْرَ » (حبقوق ٢ : ١٤) .

أما صلواتي من أجل بريطانيا فلم يُستجب منها سـوى القليل ، ففي عام ١٩٥٣ (بعد سنتين من رفع هذه الصلاة المصحوبة بالصوم) فقد أيقظني الله ذات ليلة وكلّمني بصوت مسموع ، وكان أول وعد أعطاه لي « ستحدث نهضة كبيرة في الولايات المتحدة وبريطانيا » . وهـذه النهضة حادثة اليوم في أمريكا ، وهناك علامـات على أنها

بادئة في بريطانيا، وأومن قلبياً أن وعد الله لبريطانيا سيتحقق. وبنعمة الله أرجو أن أشهدها.

وإذ أتأمل هذه الاختبارات الشخصية في قوة الله وأمانته أجد نفسي أردد مع الرسول بولس:

«وَالْقَادِرُ أَنْ يَفْعَلَ فَوْقَ كُلِّ شَيْءٍ أَكْثَرَ جِدّاً مِمَّا نَطْلُبُ أَوْ نَفْتَكِرُ، بِحَسَبِ الْقُوَّةِ الَّتِي تَعْمَلُ فِينَا، لَهُ الْمَجْدُ فِي الْكَنِيسَةِ فِي الْمَسِيحِ يَسُوعَ إِلَى جَمِيعِ أَجْيَالِ دَهْرِ الدُّهُورِ. آمِينَ» (أفسس ٣ : ٢٠، ٢١).

الفصل العاشر

إرساء الأساسات بالصوم

في عامي ١٩٧٠ ، ١٩٧١ احتفلت مدينة بلايموث في ولاية ماساتشوستس الأمريكية بمرور ٣٥٠ سنة على نزول الحجاج الأمريكيين الأوائل أرض أمريكا . وتكونت لجنة خاصة من المدينة لتنظم أنواع الاحتفالات المناسِبة للمناسبَة ، وقد أكرمتني هذه اللجنة بأن دعتني لإلقاء بعض المحاضرات في كنيسة "الحجاج" بمدينة بلايموث .

وأثناء زيارتي هذه تكرَّم عضوان من اللجنة بأخذي لزيارة الأماكن التاريخية بالمدينة ، ولأرى الوثائق التاريخية من عصر أولئك الحُجاج ، فعرفت لأول مرة شيئاً عن هذا التاريخ من كتاب وليم برادفورد «عن مستعمرة بلايموث» .

خلفية الحجاج

لما كنت قد نشأت في بريطانيا لم تكن لي معرفة بهذا التاريخ

لأننا لم ندرسه في مدارسنا. ولما كان الأمريكيون يسمّونهم «الآباء الحجاج» تكوَّنت في عقلي فكرة أنهم مجموعة من الرجال العجائز ذوي الذقون الطويلة البيضاء بملابس داكنة الألوان شبيهة بما يلبسه رجال الدين. واندهشت لما وصلت أمريكا وعرفت أن معظمهم كانوا من الشبان، فكان وليم برادفورد عام ١٦٢١ في الحادية والثلاثين من عمره عندما تعين حاكماً للمستعمرة، وكان معظمهم من عمر برادفورد أو أصغر منه. ولما رأيت تماثيل الشمع لهؤلاء الحجاج على السفينة «مايفلاور» بميناء بلايموث تذكرت الجماعة التي أطلقت على نفسها اسم «تلاميذ المسيح» وهي الجماعة التي بدأت في أمريكا في ستينيات القرن العشرين.

وعندما درست تاريخ تأسيس مستعمرة بلايموث وصراعاتها الأولى شعرت بقربٍ روحي من برادفورد وجماعته، فقد اكتشفتُ أنهم بنوا أسلوب حياتهم على الأسس الكتابية، ووجدت نفسي متفقاً مع كل ما وصلوا إليه، بل إن ما ذكرته في هذا الكتاب يمكن أن يكون وصفاً لهم.

ولما كنت قد حصلت على درجتي العلمية من جامعة كمبردج أردت أن أعرف مَن مِن هؤلاء الحجاج الأوائل تلقى علومه في كمبردج. وجدت أن ثلاثة من القريبين من قصة «الحجاج» كانوا من خريجي كمبردج، وهم: رتشارد كليفتون ، وجون روبنسون،

ووليم بروستر . كان كليفتون شيخ كنيسة سكروبي في إنجلترا ، وكان روبنسون شيخ كنيسة ليدن في هولندا ، وكان بروستر الشيخ الذي سافر على السفينة مايفلاور وصار القائد الروحي الرئيسي لمستعمرة بلايموث .

وفي الشهور التالية لزيارة بلايموث سافرت كثيراً وعقدت اجتماعات متنوعة في مناطق مختلفة من أمريكا ، وشاركت البعض في ما قرأته في كتاب وليم برادفورد «عن مستعمرة بلايموث» . ولشديد دهشتي وجدت جهلاً تاماً بهذا التاريخ ، وقال كثيرون إنهم رغم ثقافتهم لم يسمعوا بهذا الكتاب . وقال قليلون إنهم سمعوا بالكتاب لكنهم لم يقرأوه .

ولهذا لا أرى حرجاً في أن أقتبس بعض ما كتب برادفورد في كتابه متعلقاً بموضوعنا ، وسأستخدم طبعة منه كتب مقدمتها صموئيل موريسون .

كان خط سير برادفورد محكوماً باختباره الروحي الذي اختبره في صباه ، ووصف موريسون هذا الاختبار وهو يقدم لكتاب برادفورد ، قال :

«وُلد وليم برادفورد في أوسترفيلد ، يوركشير ، في ربيع عام ١٥٩٠ .. وفي الثانية عشرة من عمره انتظم في قراءة الكتاب

المقدس . وفي صباه ألهمته كلمة الله أن ينضم إلى جماعة البيوريتان (التطهريـين) الذين كانـوا يجتمعون بانتظام للصلاة والمناقشـات الروحية في بيت وليم بروسـتر ببلدة سكروبي القريبة . ولما قررت هـذه المجموعة أن تنظم نفسـها في كنيسـة مسـتقلة عـام ١٦٠٦ بقيادة القس رتشـارد كلفتون انضم إليهـم وليم برادفورد ، بالرغم من غضب عمه عليه وسـخرية جيرانه به بسبب ذلك . ومنذ ذلك التاريـخ وحتـى وفاته بعد ذلك بنحو ٥٠ سـنة كانـت حياته تدور حول كنيسـته الأولي في سـكروبي ثم في اسكندنافيا ، وأخيراً في ولاية نيو إنجلاند الأمريكية» .

رد سبي، لا إصلاح

مع أن الحجاج كانوا مرتبطين بالبيوريتان ، إلا أنهم كانوا مختلفين عنهم اختلافاً تاماً . كانا كلاهما متفقين على ضرورة الإصلاح الديني ، لكنهما كانا مختلفين على طريقة الحصول عليه : كان البيوريتان يريدون البقاء بالكنيسة وإصلاحها ، من الداخل . . أما الحجاج فأرادوا أن يكونوا أحراراً ، ورفضوا أن يستخدموا القوة السياسية في فرض آرائهم على الغير . . ويتضح هذا الاختلاف في ما كتبه ليونارد بيكون في كتابه «تكوين كنائس نيو إنجلاند» . قال :

«في العالم القديم (أي أوروبا) كان البيوريتان وطنيين يؤمنون

بأن الأمة المسيحية هي الكنيسة، وطالبوا بإصلاح كنيسة إنجلترا. أما الحجاج فكانوا انعزاليين، ليس فقط بأن رفضوا كتاب الصلاة العامة الذي كانت الكنيسة تستخدمه، بل رفضوا أيضاً الكنيسة الوطنية.

«كان الحاج يريد الحرية من نفسه ومن زوجته وأولاده وإخوته ليسير مع الله في حياة مسيحية تحكمها وتدفع إليها كلمة الله وحدها، لهذا ذهب إلى «السبي» وعبر المحيط حيث يقيم بيته في «البرية». أما البيوريتاني فلم يكن يطلب الحرية، لكنه كان يطلب حكومة صالحة في كنيسة، ليس فقط تسمح له بذلك، بل أيضاً تجبر الآخرين علي السير في نفس الطريق».

فالفرق بين البيوريتان والحجاج يكمن في كلمتين: «الإصلاح» و«رد السبي». أراد البيوريتان أن يصلحوا الكنيسة كما كانت في عصرهم، أما الحجاج فرأوا أن هدف الله الأسمى هو أن يرد الكنيسة إلى حالتها الأصلية كما يصوِّرها العهد الجديد. ويتضح هذا من الفصل الأول من كتاب برادفورد الذي عبر فيه عن رؤية رد السبي، قال:

«تعود الكنائس إلى حالتها الأولى وتستعيد أصول نظامها وحريتها وجمالها» (كتابه «عن مستعمرة بلايموث» ص ٣).

ثم عاد في الفصل ذاته يقول عن هدف الحجاج:

«يكون للمحرَّريـــن الحـق في عبـادة الله والتتلمذ للمسـيــح في كنيسة بحسـب بسـاطة الإنجيل دون خلطه باختراعات البشر وأن تكون لهم، وأن تحكمهم شرائع كلمة الله، وهم معفيون من سلطان الرعاة والمعلمين والشيوخ.. إلخ». (ص ٦).

وبهـذا الفكـر اجتمـع بعـض المؤمنـين فـي نوتنجهامشـايـر ويوركشاير:

«جمعوا أنفسهم بعهد الله في كنيسـة، في شـركة الإنجيل، ليسـيروا في طرق الله المعلَنة، ليعرفوها بأفضـل ما لديهم من طاقة ومهما كلفهم هذا من ثمن، بعونٍ من الله». (ص ٩).

وانتقلت المجموعـة بعـد ذلك إلى ليـدن في هولنـدا. ويصف برادفورد الحياة هناك بقوله:

«وصلوا إلـى أقرب ما في الإمكان إلى الحالـة الأصلية للكنائس الأولى، وإلى حالة الكنائس التي فعلت الشـيء نفسه في السـنوات اللاحقة». (ص ١٩).

ووصف برادفـورد في الفصل الرابع من كتابه الدافع الأساسـي وراء سفر الحجاج إلى أمريكا، قال:

«أخيراً كان لهم أمل كبير وحماس داخلي لإرساء أساسٍ صالح لنشر وتقدُّم إنجيل ملكوت المسيح في هذا القسم البعيد من العالم، وليكونوا روادا لآخرين يتبعونهم في القيام بهذا العمل العظيم». (ص ٢٥).

إعلان أيام صوم جماعي

استخدم الحجاج الصوم والصلاة الجماعية العامة لتحقيق أهدافهم الروحية، وهذا ما يشير إليه برادفورد كثيراً في كتابه الذي وصف فيه (في ص ٤٧) كيف استعد الحجاج لمغادرة ليدن في هولندا، قال:

«ولما استعد الحجاج للمغادرة قضوا يوماً في التذلل، ووعظ راعيهم جون روبنسون من قول (عزرا ٨: ٢١) «**وَنَادَيْتُ هُنَاكَ بِصَوْمٍ عَلَى نَهْرِ أَهْوَا لِنَتَذَلَّلَ أَمَامَ إِلَهِنَا لِنَطْلُبَ مِنْهُ طَرِيقاً مُسْتَقِيمَةً لَنَا وَلأَطْفَالِنَا وَلِكُلِّ مَالِنَا**». وقضى روبنسون جزءاً كبيراً من اليوم في تطبيق قول عزرا على حالتنا الحاضرة، وصرف بقية الوقت في صلوات حارة ممزوجة بدموع كثيرة».

ويستخدم برادفورد في كتابه كلمة «تذلل» مما يبيّن أن الحجاج فهموا العلاقة بين الصوم والتذلل، كما أن اختيار روبنسون للشاهد

الكتابي من سفر عزرا يبين التشابه بين رحلة الحجاج إلى أمريكا،
واصطحاب عزرا مجموعة العائدين من السبي إلى أورشليم .

وتذكر فرنا هول في كتابها «التاريخ المسيحي للدستور» ما قاله
إدوارد ونسلو عن ختام حديث روبنسون في ذلك اليوم . قال :

«بعد قليل سننفصل عن بعضنا، ويعلم الله وحده إن كنا سنرى
وجوه بعضنا ثانية . وسواء تقابلنا ثانية أم لم نتقابل فإن روبنسون
قد كلفنا أمام الله وملائكته أن لا نتبعه أكثر مما تبع هو المسيح، كما
كلفنا أنه إن أعلن الله لنا شيئاً بأي وسيلة من عنده نكون مستعدين
لقبوله كما كنا مستعدين لقبول تعليم روبنسون، لأنه يؤمن أن
عند الرب تعاليم يمكن أن يعلمنا إياها من الكلمة المقدسة . وقد
صرف وقتاً ينوح فيه على ما وصلت إليه حالة الكنائس المصلحة
التي توقفت عن التقدم الروحي الذي كان عند المصلحين الأوائل .

«فاللوثريون مثلاً لم يتقدموا عما علَّم به لوثر، مع أن الله أعلن
لكلفن حقائق أعمق . لكن اللوثريين يفضلون الموت عن قبول غير
تعليم لوثر، الكلفينيين توقفوا عند تعليم كلفن، الأمر الذي يُؤسَف
له . فمع أن التعليم الكلفيني عظيم إلا أنه لم يحوِ كل ما يريد الله
أن يعلنه .

«كما أن روبنسون ذكَّرنا بعهد كنيستنا، وهو أن نقبل من الله النور والحق الذي يعلنه لنا في كلمته المكتوبة، كما شجعنا أن نسير في الحق الذي أنار الله قلوبنا به، وأن نفحصه دائماً في نور كلمة الله. وقد قال لنا إنه لا يمكن للعالم المسيحي أن يتخبط في ظلام دون أن يشرق عليه نور المعرفة الكامل». (ص ١٨٤).

لقد لخص روبنسون في حديثه يوم الصوم الجماعي أساسيات الموقف اللاهوتي للحجاج، والذي يتضح من تسميتهم بالحجاج، فهو يعلن أنهم لم يصلوا إلى كل الحق، ولا فهموا الحق كله، فقد كانوا سيّاحاً يسافرون مفتشين عن إعلانٍ أعمق للحق موجود أمامهم وهم يسيرون في طاعة للحق الذي وصلهم.

كان برادفورد يؤمن أنه وزملاءه الحجاج في رحلة روحية كما كان قديسو العهدين القديم والجديد، وكان يستخدم التعبيرات الكتابية للتعبير عن مشاعره وردود أفعاله. وفي الفصل التاسع يصف مشاعره عند وصول السفينة مايفلاور إلى شاطئ أمريكا بعد المصاعب والمخاطر التي لاقاها الحجاج في رحلتهم، وختم الفصل بالآتي:

«من الذي يساندهم الآن إلا روح الرب ونعمته؟ ألا يقول أبناء هؤلاء الحجاج: إنجليزياً تائِهاً كَانَ أَبِي، الذي عبر هذا المحيط، وكنا

على وشك الهلاك في البرية، فَلَمَّا صَرَخْنَا إِلَى الرَّبِّ إِلَه آبَائِنَا سَمِعَ الرَّبُّ صَوْتَنَا وَرَأى مَشَقَّتَنَا وَتَعَبنَا وَضِيقَنَا. [كان هذا اقتباس برادفورد بتصرف من تثنية ٢٦ : ٥، ٧].

«**احْمَدُوا الرَّبَّ لأَنَّهُ صَالِحٌ، لأَنَّ إِلَى الأَبَدِ رَحْمَتَهُ. لِيَقُلْ مَفْدِيُّو الرَّبِّ الَّذِينَ فَدَاهُمْ مِنْ يَدِ الْعَدُوِّ عندما تَاهُوا فِي الْبَرِّيَّةِ فِي قَفْرٍ بِلاَ طَرِيقٍ. لَمْ يَجِدُوا مَدِينَةَ سَكَنٍ، جِيَاعٌ عِطَاشٌ أَيْضاً أَعْيَتْ أَنْفُسُهُمْ فِيهِمْ.. فَلْيَحْمَدُوا الرَّبَّ عَلَى رَحْمَتِهِ وَعَجَائِبِهِ لِبَنِي آدَمَ**» [كان هذا اقتباس برادفورد بتصرف من مزمور ١٠٧ : ١-٥، ٨].

ومن الصعوبة بمكان أن نقتبس كل ما ذكره برادفورد عن استجابة الصلاة، ولكننا نقتبس شيئاً عن صوم جماعي كان في عام **١٦٢٣** عندما تهدد محصول القمح الذي زرعه الحجاج:

«كان هناك جفاف شديد استمر من الأسبوع الثالث من مايو حتى منتصف يوليو، لم يسقط أثناءه مطر بالمرة، وكانت الحرارة شديدة، فبدأ محصول القمح يذوي.. وصار المحصول في بعض الأراضي هشيماً.. فخصص الحجاج يوماً جماعياً للتذلل والصوم والصلاة طالبين وجه الرب.. ورضي الرب أن يمنحهم استجابة سريعة لدهشتهم ودهشة الهنود الحمر.. كانت السماء صافية منذ الصباح وحتى بعد الظهر كما كانت الحرارة شديدة، ولم تكن

هناك سحابة واحدة في الأفق .. وبدأ الجو يتغير في المساء وبدأ المطر ينزل برفق مما دعا لشكر الله وحمده».

وفي مثل هذه الحالة، بعد الجفاف الشديد، يكون المطر عادةً غزيراً بعد رعود كثيرة. ولو أن هذا حدث (كما يحدث عادة) لتدمر محصول القمح. ولكن الرب أرسل المطر النازل برفق. ومضى برادفورد هي:

«نزل المطر بدون رعد ولا قسوة، ولكنه نزل بالكمية المطلوبة تماماً حتى تشبَّعت الأرض به، فارتوى محصول القمح وانتعشت أشجار الفاكهة، ووقف الهنود مندهشين. وبعد هذا أرسل الرب أمطاراً متناسبة مع حرارة الجو فكان المحصول وفيراً جداً.. كانت رحمة الله فاعلةً في الموعد المناسب.. وكان يوم شكر». (ص ١٣١، ١٣٢).

لقد صار تخصيص أيام في الصلاة والصوم جزءاً من حياة مستعمرة بلايموث، وفي ١٥ نوفمبر عام ١٦٣٦ صدر قانون يسمح للحاكم ومعاونيه «أن يأمروا بتخصيص أيام للتواضع والصوم.. كما يخصصون أياماً معينة للشكر على ما يجب أن يشكروا عليه».

ولقد ذكرنا في الفصل الثامن من هذا الكتاب وعود الله على فم النبي إشعياء لمن يمارسون الصوم الذي يُرضي الله، وقمة هذه الوعود هي:

«وَمِنْكَ تُبْنَى الْخِرَبُ الْقَدِيمَةُ. تُقِيمُ أَسَاسَاتِ دَوْرٍ فَدَوْرٍ، فَيُسَمُّونَكَ مُرَمِّمَ الثُّغْرَةِ، مُرْجِعَ الْمَسَالِكِ لِلسُّكْنَى» (إشعياء ٥٨ : ١٢).

ويؤكد التاريخ أن الوعود الخاصة بالصوم الواردة في قول إشعياء قد تحققت للحجاج روحياً وسياسياً، فقد أقاموا «**أَسَاسَاتِ دَوْرٍ فَدَوْرٍ**» فبعد أكثر من ثلاثة قرون لا زال الأمريكيون يبنون على الأساسات التي وضعها الحجاج.

.

الفصل الحادي عشر

أصوام في التاريخ الأمريكي

لا زالت الأجيال التي تلت الحجاج من الهيئة الأمريكية الحاكمة وقادة الشعب الأمريكي يتبعون مثال الحجاج في ممارسة الصوم. ونورد في هذا الفصل بعض أمثلة هذا.

جورج واشنطن وجمعية فرجينيا التشريعية

في شهر مايو عام ١٧٧٤ وصلت الأخبار إلى مدينة وليمسبرج بولاية فرجينيا أن البرلمان البريطاني فرض حظراً تجارياً على ميناء مدينة بوسطن بولاية ماساتشوستس يسري من أول شهر يونيو، وفوراً قررت الجمعية التشريعية أن تحتج على هذا الحظر، وأن تخصص يوم الأول من يونيو للصوم والتذلل والصلاة. وإليك الجزء الرئيسي من قرار الجمعية:

الثلاثاء ٢٤ مايو ١٧٧٤

«شعرت الجمعية بالأخطار العظيمة الناتجة عن الهجوم العدواني

على مدينة بوسطن في أختنا مستعمرة ماساتشوستس ، إذ ستوقف القوات المسلحة النشاط التجاري للميناء بدءاً من أول يونيو ، فقررت تخصيص اليوم للصوم والتذلل والصلاة لطلب التدخل الإلهي بإلغاء الكارثة الثقيلة التي تهدد حقوقنا المدنية وتعرضنا لويلات الحرب الأهلية ، وليعطينا الله قلباً واحداً وفكراً واحداً لنقاوم بالطرق المقبولة كل ضرر يقع على الحقوق الأمريكية ..

«فقررنا إصدار أمر أن يحضر أعضاء الجمعية في العاشرة من صباح أول يونيو مع الرئيس إلى كنيسة المدينة للهدف المذكور أعلاه ، ويقوم القس برايس بقراءة الصلوات ، والقس جوتكن بإلقاء عظة مناسبة للحال» .

وقد شهد على هذه الوثيقة الرئيس جورج واشنطن ، وكتب في مذكراته يوم أول يونيو : «ذهبت إلى الكنيسة وصُمت اليوم كله» . أما الكنيسة التي اجتمعوا فيها ، والتي أشار إليها الرئيس ، فكانت كنيسة حي بروتن في مدينة وليمسبرج .

لم يكن الرئيس واشنطن يؤمن فقط بالصلاة والتدخل الإلهي ، ولكنه كان يعترف باستجابة الصلاة . ففي أول يناير ١٧٩٥ أصدر واشنطن بصفته رئيس أمريكا أمراً بتخصيص يوم ١٩ فبراير ١٧٩٥ للشكر الجماعي والصلاة . وإليك جزء من هذا الأمر الرئاسي :

«عندما نذكر الويلات التي تحل بدول أخرى نرى أن حالة الولايات المتحدة تستحق الارتياح والسلوان .. وفي مثل هذه الحالة نرى أن من واجبنا كشعب أن نعبّر عن التقدير والشكر، ومديونيتنا لله العلي القدير، وأن نطلب منه أن يؤيد البركات التي نختبرها.

«أدعو أنا جورج واشنطن رئيس الولايات المتحدة كل الهيئات والطوائف الدينية وكل شخص في أمريكا، لنخصص يوم الخميس ١٩ من فبراير القادم للشكر والصلاة الجماعية، نجتمع فيه معاً لتقديم الشكر القلبي لله حاكم هذه الأمة على مراحمه التي ميز بها هذه الأمة.. وفي الوقت نفسه نطلب بتواضع من مصدر هذه البركات أن يستمر في إمدادنا بها، وأن يُشعرنا بمديونيتنا له تعالى، وأن يحفظنا من كبرياء النجاح، ويجعلنا مستحقين لأن تستمر هذه البركات لنا، وأن يحفظنا من أن نسيء استخدامها. بل نكون شاكرين، نجعل هذه البلاد ملجأً آمناً لسائر البلاد الأقل حظاً. وأن نقدم ما لدينا من معرفة لنشر النظام والتقوى والأخلاق. وأخيراً نشارك البركات التي نمتلكها والتي نطلبها لأنفسنا مع كل العائلات البشرية.

أصوام أعلنها الرئيسان آدامز وماديسون

كادت الولايات المتحدة تحت حكم الرئيس آدامز أن تقع في حرب مع فرنسا، ففي يوم ٢٣ مارس من عام ١٧٩٨ أعلن الرئيس

أدامز يوم ٩ مايو ١٧٩٨ يوم تذلل وصوم وصلاة، وإليك جزء من هذا الإعلان:

لما كانت سلامة البلاد ونجاحها متوقفان أساساً على حفظ الله القدير وبركاته. واعترافنا بهذه الحقيقة واجب ونحن مدينون به لله، كما يجب علينا أن نمارس الأخلاقيات والتقوى اللذين بدونهما لا توجد سعادة اجتماعية، ولا حكومة صالحة.. وتواجه الولايات المتحدة اليوم حالة مخاطرة مع دولة غير صديقة (هي فرنسا).. فقررت أن من واجبنا أن نطلب رحمة السماء وبركتها اللتين تحتاجهما بلادنا اليوم واللتين يجب أن يشعر مواطنونا بالحاجة إليهما.

«لذلك أوصي أن يكون يوم الأربعاء ٩ مايو يوم تذلل وصوم وصلاة في كل الولايات المتحدة، فنمتنع عن أعمالنا العالمية، ونخاطب أبا الرحمات بكل وسيلة ممكنة. وتقوم كل الجهات الدينية بكل تواضع بالاعتراف بخطايانا وتعدياتنا التي ارتكبناها كأفراد وكأمة، وطلب نعمة الله بشفاعة فادي العالم ليغفر خطايانا ويقودنا بعمل روحه القدوس لتوبة وإصلاح مخلصين، فنرجو من فضله العميم وبركته السماوية أن يحمي بلادنا من الخطر الذي يهددها، وأن يُبقي امتيازاتنا المدنية والدينية سالمة، نسلّمها لأجيالنا القادمة».

وأثناء حكم جيمس ماديسون، الرئيس الأمريكي الرابع، وجدت أمريكا نفسها في حرب مع إنجلترا، فأصدر مجلسا البرلمان قراراً برغبتهما في تخصيص يوم للتذلل والصوم والصلاة. واستجابة لهذا خصص الرئيس ماديسون يوم ١٢ يناير ١٨١٥ لهذا الغرض، وافتتح نداءه بالقول:

«قرر مجلسا البرلمان رغبتهما في هذا الوقت الذي نواجه فيه كارثة التهديد بالحرب أن نخصص يوماً نجتمع فيه للتذلل والصوم والصلاة لله العلي طالبين سلامة بلادنا وخيرها، وليعجّل بعودة السلام. وبناءً عليه أدعو لتخصيص يوم الخميس ١٢ يناير القادم فرصة عطايا اختيارية وفي الوقت نفسه نمجد مخلّص العالم بكل تواضع، معترفين بخطايانا وذنوبنا، وندعم عهودنا بالتوبة».

ونتيجة ليوم الصوم والصلاة هذا حقق الله وعده الذي جاء على لسان النبي إشعياء «**وَيَكُونُ أَنِّي قَبْلَمَا يَدْعُونَ أَنَا أُجِيبُ، وَفِيمَا هُمْ يَتَكَلَّمُونَ بَعْدُ أَنَا أَسْمَعُ**» (إشعياء ٦٥ : ٢٤).

فقد تمت المعركة الأخيرة في الحرب بانتصار الولايات المتحدة قبل اليوم المحدد للصوم والصلاة بأربعة أيام، وسرعان ما عمَّ السلام، فطلب مجلسا البرلمان أن يكون هناك يوم للشكر، تحدد له يوم الخميس الثاني من شهر أبريل عام ١٨١٥، وإليك البيان الذي أصدره الرئيس ماديسون في هذه المناسبة:

«قرر مجلسا البرلمان الأمريكي تحديد يوم خاص يعبِّر فيه كل الشعب الأمريكي عن شكره لله العظيم اعترافاً بصلاحه الذي أعاد لنا بركة السلام. ولا يوجد شعب أكثر من الشعب الأمريكي يليق به أن يحتفل بصلاح الله مدبِّر الأمور والممسك بمصائر الشعوب، ففي صلاحه دبرت عنايته لسكننا أفضل مكان على الأرض، وقد حمانا في أيامنا الأولي من كل الصعوبات والتجارب. وفي رعايته الكريمة عبر بنا مرحلة الانتقال في موعد مناسب لننال استقلالنا وحكمنا الذاتي. وقد جزنا مصاعب قبل أن نصل إلى ما وصلنا إليه بفضل التدخلات السماوية. وقد رعانا بعد ذلك ومنحنا الموارد التي مكّنتنا من الحصول على حقوقنا الوطنية، وصقل شخصياتنا في الصراعات التي مرّت بنا والتي انتهت بالسلام والمصالحة مع من كانوا أعداءنا..

«وعلى مثل هذه البركات، وبالأخص على عودة بركة السلام أنصح أن تخصص الجماعات الدينية يوم الخميس الثاني من شهر أبريل المقبل محفلاً تتحد فيه قلوبنا بتقديم الشكر والتسبيح لإلهنا الصالح».

الرئيس لنكولن يعلن ثلاثة صيامات

أعلن الرئيس لنكولن أثناء فترة رئاسته ثلاثة أيام للصوم والتذلل

والصلاة، وذلك بسبب الحرب الأهلية. وكان الهدف من الصوم أن يعود السلام والوحدة الوطنية.

جاء إعلان لنكولن الأول بناءً على قرار مجلسي البرلمان الأمريكي «بتخصيص يوم للتذلل العام والصوم والصلاة من كل شعب الولايات المتحدة لرفع طلبات لله القدير أن يحفظ البلاد في أمان ونجاح، وأن يبارك أسلحتهم، ويعيد السلام بسرعة».

فقال لنكولن: «لما كان من المناسب أن كل الشعب في كل وقت يحترم الله الحاكم الإلهي، وينحني أمام تأديباته، ويعترف بخطاياه وذنوبه، عالماً أن مخافة الله هي رأس المعرفة، طالباً الصفح عن تعدياته، راجياً البركة على عمله.

«لهذا، فإني أنا أبراهام لنكولن رئيس الولايات المتحدة عيّنت الخميس الأخير من شهر سبتمبر ليكون يوم تذلل وصوم وصلاة من كل شعبنا، وأوصي كل الشعب خصوصاً القسوس والرعاة بمختلف طوائفهم ورؤساء العائلات أن يحفظوا هذا اليوم بكل تذلل حتى تصعد صلواتنا المتحدة إلى عرش النعمة، فتحل البركات الوفيرة على بلادنا».

لقد قصد لنكولن بدعوته «رؤساء العائلات» أن تُمارس الصلوات والأصوام في بيوت الأمريكيين حيث يتحد الآباء والأبناء في العبادة

والطلب ، وهذا مشابه لأسلوب الكتاب المقدس .

أما إعلان لنكولن الثاني فهو ما ذكرته في مطلع هذا الكتاب .

أما إعلانه الثالث فقد جاء أيضاً استجابة لقرار مجلسي البرلمان بتخصيص يوم الخميس الأول من أغسطس ١٨٦٤ . وفي ختام إعلانه قال لنكولن :

«إني أدعو كل رؤساء الأقسام الحكومية والمشرعين والقضاة والحكام وكل صاحب سلطة في هذه البلاد.. وكل من يخضع لقوانين الولايات المتحدة ، أن يجتمع حيثما يشاء ليرفع لله العلي الرحيم كل عبادة واعتراف كما اقترح مجلسا برلمان بلادنا» .

ولست أدَّعي أن ما ذكرته هنا هو كل ما قام به مسئولو الولايات المتحدة من صلاة وصوم دُعي إليه كل الشعب ، فبالإضافة إلى ما ذكرناه عن الحجاج الأولين تتضح حقيقة تاريخية : أنه من بدء القرن السابع عشر حتى منتصف القرن التاسع عشر لعبت أيام الصوم والصلاة دوراً حيوياً في تاريخ الشعب الأمريكي وشكلت مصير أمتهم .

وعلى الأمريكيين اليوم أن يسألوا أنفسهم : كم عدد البركات والامتيازات التي يتمتعون بها الآن التي جاءت نتيجة صلوات وأصوام قادتهم الأولين؟ واليوم حين ندرس تاريخ ٣٥٠ سنة من

التاريخ الأمريكي نري نسيجاً من خيوط متعددة الألوان، يمثل كل خيط منها خلفية مختلفة مرتبطة بدوافع وأهداف مختلفة. وأحد هذه الخيوط هو الهدف الإلهي الذي اتّضح في شركة الحجاج وصلواتهم وأصوامهم الجماعية، والتي مارستها الأجيال التي تلتْهُم بمساندة الصوم والصلاة. ولازال أمامنا هدف سيتحقق، نعالجه في الفصل القادم من هذا الكتاب.

الفصل الثاني عشر

الذروة : كنيسة مجيدة

رأينا في الفصل الأول من هذا الكتاب أن كنيسة المسيح القوية بالروح القدس هي ممثلة الله في العالم ووكيله الرئيسي في أرضنا لتحقيق أهدافه في عصرنا . وفي الفصل الثامن رأينا مطر الروح القدس «الْمُتَأَخِّرَ» (يوئيل ٢ : ٢٣) الذي سيرُدُّ الكنيسة إلى مستواها الواجب في النظام والنقاوة والقوة . ومتى رُدَّ سبي الكنيسة ستتمكن من تحقيق مصيرها المعيَّن لها من الله في العالم فتحقق ذروة مقاصد الله في نهاية هذا الدهر

الكنيسة الكاملة كما صوَّرها الرسول بولس

وصف بولس في رسالة أفسس الكنيسة التي ستكمل وكيف ستكون وقتها ، فقال في (أفسس ١ : ٢٢، ٢٣) إن الكنيسة هي جسد المسيح ، وإن المسيح هو رأسها الوحيد . وفي الأصحاح الرابع ذكر خدمات الكنيسة التي أعطاها لها المسيح ، والهدف منها :

«وَهُوَ أَعْطَى الْبَعْضَ أَنْ يَكُونُوا رُسُلاً، وَالْبَعْضَ أَنْبِيَاءَ، وَالْبَعْضَ مُبَشِّرِينَ، وَالْبَعْضَ رُعَاةً وَمُعَلِّمِينَ، لأَجْلِ تَكْمِيلِ الْقِدِّيسِينَ، لِعَمَلِ الْخِدْمَةِ، لِبُنْيَانِ جَسَدِ الْمَسِيحِ، إِلَى أَنْ نَنْتَهِيَ جَمِيعُنَا إِلَى وَحْدَانِيَّةِ الإِيمَانِ وَمَعْرِفَةِ ابْنِ اللهِ. إِلَى إِنْسَانٍ كَامِلٍ. إِلَى قِيَاسِ قَامَةِ مِلْءِ الْمَسِيحِ» (أفسس ٤ : ١١-١٣).

وقد ذكر في (آية ١١) خدمات الكنيسة الخمس: **رُسُلاً، أَنْبِيَاءَ، مُبَشِّرِينَ، رُعَاةً، مُعَلِّمِينَ.** وذكر في (آية ١٢) الهدف من هذه الخدمات: **تَكْمِيلِ الْقِدِّيسِينَ، لِعَمَلِ الْخِدْمَةِ، لِبُنْيَانِ جَسَدِ الْمَسِيحِ.** وفي (آية ١٣) ذكر علامات الجسد الكامل: **إِلَى أَنْ نَنْتَهِيَ جَمِيعُنَا إِلَى وَحْدَانِيَّةِ الإِيمَانِ وَمَعْرِفَةِ ابْنِ اللهِ. إِلَى إِنْسَانٍ كَامِلٍ. إِلَى قِيَاسِ قَامَةِ مِلْءِ الْمَسِيحِ.**

نظن أحياناً أن الكنيسة في حالة سكون، وهذا خطأ، فالكنيسة في حالة نمو وتطور، لأن (آية ١٣) تبدأ بالقول **«إِلَى أَنْ»** فنحن نتحرك نحو هدف أبعد: إِلَى وَحْدَانِيَّةِ الإِيمَان، وهذا هو ما لم نصل إليه بعد، يؤيد قولنا هذا مجرد إلقاء نظرة إلى عدد الطوائف حولنا. ولكننا نتجه نحو الوحدة، وسيأتي الوقت الذي يتحد فيه كل المؤمنين في إيمانهم.

أما طريقة تحقيق هذا فهي في **«مَعْرِفَةِ ابْنِ اللهِ»** إذ تدور كل عقائدنا حول المسيح، فعقيدة الخلاص تتمركز في المخلّص، وتدور

عقيدة الشفاء حول الطبيب، وتدور عقيدة القداسة حول المقدِّس، وتدور عقيدة الإنقاذ حول المنقذ، وهكذا كل عقائد المسيحية، فالمسيح مركزها جميعاً. ونجد في تاريخ الكنيسة أن المسيحيين لم يتحدوا بمناقشة عقائدهم بل باعترافهم بسيادة المسيح على حياتهم وعلى كنائسهم. فوحدانية الإيمان تتوقف على معرفتنا بابن الله.

وهذا بدوره يؤدي إِلَى إِنْسَانٍ كَامِلٍ، فالكنيسة تنمو إلى إنسانية كاملة، فالإنسان الكامل يمثل المسيح في كماله، لأن من يراه يرى المسيح فيه، وتكون الكنيسة هي الإعلان الأسمى للمسيح تتمتع بكل نعمة وكل موهبة وكل خدمة، وتقدم للعالم المسيح الكامل.

وقدم بولس في (أفسس ٥) صورة الكنيسة في نهاية الدهر كعروس للمسيح والمسيح عريسها، قال:

«أَيُّهَا الرِّجَالُ، أَحِبُّوا نِسَاءَكُمْ كَمَا أَحَبَّ الْمَسِيحُ أَيْضاً الْكَنِيسَةَ وَأَسْلَمَ نَفْسَهُ لأَجْلِهَا، لِكَيْ يُقَدِّسَهَا، مُطَهِّراً إِيَّاهَا بِغَسْلِ الْمَاءِ بِالْكَلِمَةِ» (أفسس ٥: ٢٥، ٢٦).

وقد صوَّر بولس المسيح في هاتين الآيتين أنه الفادي بفعل دمه المسفوك، والمقدِّس بفعل كلمة الله. ويشبّه بولس التقديس بأنه غسلٌ بالماء. ويقوم المسيح بالمهمّتين لتكميل الكنيسة. وهذا مشابه لما قاله الرسول يوحنا:

«**هَذَا هُوَ الَّذِي أَتَى بِمَاءٍ وَدَمٍ، يَسُوعُ الْمَسِيحُ. لاَ بِالْمَاءِ فَقَطْ، بَلْ بِالْمَاءِ وَالدَّمِ. وَالرُّوحُ هُوَ الَّذِي يَشْهَدُ، لأَنَّ الرُّوحَ هُوَ الْحَقُّ**» (١يوحنا ٥ : ٦).

المسيح فادي الكنيسة لأنه بذل دمه على الصليب لأجلها، وهو يطهرها بغسل الماء بالكلمة، ويشهد الروح القدس أن المسيح يقوم بالعملين. ويسكب الروح القدس في هذه الأيام الأخيرة المطر المتأخر (يوئيل ٢ : ٢٣) على الكنيسة بفضل عمل الفداء وتطهير الماء، الأمرين اللازمين لتكميل الكنيسة.

ووصف بولس في (أفسس ٥ : ٢٧) حالة الكنيسة بعد أن يفديها المسيح ويغسلها، فيقول: «**لِكَيْ يُحْضِرَهَا لِنَفْسِهِ كَنِيسَةً مَجِيدَةً، لاَ دَنَسَ فِيهَا وَلاَ غَضْنَ أَوْ شَيْءٌ مِنْ مِثْلِ ذلِكَ، بَلْ تَكُونُ مُقَدَّسَةً وَبِلاَ عَيْبٍ**».

من هذا نرى أن أوضح وأكثر المميزات للكنيسة أنها مجيدة لأن مجد الله يتخللها، فالمجد يدل على حضور الله الشخصي الذي تلمسه الحواس البشرية، فبعد خروج بني إسرائيل من مصر ظهر مجد الله في سحابة غطت خيمة الاجتماع في البرية، وأضاءت قدس الأقداس وملأته. وبذات الطريقة يملأ الروح القدس الكنيسة الكاملة وينيرها بمجد الله، فتكون مقدسة وبلا عيب.

هذه الكنيسة التي يصفها بولس لأهل أفسس استجابة لصلاة المسيح الشفاعية في (يوحنا ١٧ : ٢٢) «**وَأَنَا قَدْ أَعْطَيْتُهُمُ الْمَجْدَ الَّذِي أَعْطَيْتَنِي لِيَكُونُوا وَاحِداً، كَمَا أَنَّنَا نَحْنُ وَاحِدٌ**» . وهو مجد يكمل الوحدة ، فالكنيسة المتحدة هي الوحيدة التي تُظهر مجد الله . قال المسيح في (يوحنا ١٧ : ٢١) «**لِيُؤْمِنَ الْعَالَمُ**» وقال (في آية ٢٣) «**وَلِيَعْلَمَ الْعَالَمُ**» فالكنيسة المتحدة شهادة للمسيح لكل العالم .

وبجمع صورة الكنيسة في (أفسس ٤ : ١٣) مع (أفسس ٥ : ٢٧) نرى سبع علامات تميز الكنيسة في نهاية هذا العصر :

* ستكون الكنيسة متحدة في إيمانها
* تعترف الكنيسة أن المسيح رأسها في شخصه وعمله
* يكمل نمو الكنيسة
* تقدم الكنيسة الكاملة المسيح الكامل للعالم كله
* يتخلل مجد الله الكنيسة
* تكون الكنيسة مقدسة
* تكون الكنيسة بلا عيب

أول أربع علامات من هذه السبع تصف الكنيسة بأنها جسد المسيح الكامل ، والعلامات الثلاث الأخيرة تصف الكنيسة كعروس المسيح الكاملة .

كنيسة الأيام الأخيرة كما صوَّرها النبي إشعياء

تؤيد بعض نبوات العهد القديم صورة الكنيسة في الأيام الأخيرة كما يصفها العهد الجديد، ومن أوضح هذه النبوات ما تنبأ به إشعياء، ففي وسط ظلمة شديدة وحزن وفوضى تكون الكنيسة في الأيام الأخيرة عامرة بالمجد والقوة:

«فَيَخَافُونَ مِنَ الْمَغْرِبِ اسْمَ الرَّبِّ، وَمِنْ مَشْرِقِ الشَّمْسِ مَجْدَهُ. عِنْدَمَا يَأْتِي الْعَدُوُّ كَنَهْرٍ فَنَفْخَةُ الرَّبِّ تَدْفَعُهُ! وَيَأْتِي الْفَادِي إِلَى صِهْيَوْنَ، وَإِلَى التَّائِبِينَ عَنِ الْمَعْصِيَةِ فِي يَعْقُوبَ، يَقُولُ الرَّبُّ. أَمَّا أَنَا فَهذَا عَهْدِي مَعَهُمْ قَالَ الرَّبُّ: رُوحِي الَّذِي عَلَيْكَ، وَكَلاَمِي الَّذِي وَضَعْتُهُ فِي فَمِكَ لاَ يَزُولُ مِنْ فَمِكَ وَلاَ مِنْ فَمِ نَسْلِكَ وَلاَ مِنْ فَمِ نَسْلِ نَسْلِكَ، قَالَ الرَّبُّ، مِنَ الآنَ وَإِلَى الأَبَدِ. قُومِي اسْتَنِيرِي لأَنَّهُ قَدْ جَاءَ نُورُكِ، وَمَجْدُ الرَّبِّ أَشْرَقَ عَلَيْكِ. لأَنَّهُ هَا هِيَ الظُّلْمَةُ تُغَطِّي الأَرْضَ وَالظَّلاَمُ الدَّامِسُ الأُمَمَ، أَمَّا عَلَيْكِ فَيُشْرِقُ الرَّبُّ، وَمَجْدُهُ عَلَيْكِ يُرَى، فَتَسِيرُ الأُمَمُ فِي نُورِكِ، وَالْمُلُوكُ فِي ضِيَاءِ إِشْرَاقِكِ. اِرْفَعِي عَيْنَيْكِ حَوَالَيْكِ وَانْظُرِي. قَدِ اجْتَمَعُوا كُلُّهُمْ. جَاءُوا إِلَيْكِ. يَأْتِي بَنُوكِ مِنْ بَعِيدٍ، وَتُحْمَلُ بَنَاتُكِ عَلَى الأَيْدِي. حِينَئِذٍ تَنْظُرِينَ وَتُنِيرِينَ وَيَخْفُقُ قَلْبُكِ وَيَتَّسِعُ، لأَنَّهُ تَتَحَوَّلُ إِلَيْكِ ثَرْوَةُ الْبَحْرِ وَيَأْتِي إِلَيْكِ غِنَى الأُمَمِ» (إشعياء ٥٩ : ١٩-٦٠ : ٥).

يعلن النبي (إشعياء في ٥٩ : ١٩) هدف الله النهائي الذي يظهر في القول «**فَيَخَافُونَ مِنَ الْمَغْرِبِ اسْمَ الرَّبِّ، وَمِنْ مَشْرِقِ الشَّمْسِ مَجْدَهُ**» فسيظهر مجد الرب لكل العالم حتى تخاف كل أمم الأرض وتندهش.

ويأتي الشيطان العدو كنهر ليعطل مقاصد الله، لكن الروح القدس يسود على الموقف. وفي كل التاريخ نرى أن أشد الأيام ظلمة تحتاج إلى تدخُّل الله القوي، فإنه «**حَيْثُ كَثُرَتِ الْخَطِيَّةُ ازْدَادَتِ النِّعْمَةُ جِدّاً**» (رومية ٥ : ٢٠).

ونرى في (إشعياء ٥٩ : ١٩) أن الروح القدس يرفع راية جيش الرب، فعندما يكون شعب الرب في خطر التشتُّت والانهزام يسرع الروح القدس بالمعونة، فيتشجعون وهم يرون براهين مجيء الرب للعون، ويجتمعون من كل جهة حول راية الروح القدس ويعيدون تنظيم صفوفهم.

فما هي الراية التي يرفعها الروح القدس؟.. تحدث المسيح في (يوحنا ١٦ : ١٣، ١٤) عن مجيء الروح القدس وقال: «**ذَاكَ يُمَجِّدُنِي**». فتمجيد المسيح هو الراية الوحيدة التي يرفعها الروح القدس. إنه لا يرفع راية طائفة أو عقيدة، لكنه يرفع شخصاً هو «**يَسُوعُ الْمَسِيحُ هُوَ هُوَ أَمْساً وَالْيَوْمَ وَإِلَى الأَبَدِ**» (عبرانيين ١٣ :٨).

وولاء كل مؤمن حقيقي هو لشخص المسيح أولاً، وكل ولاء لغيره (من طائفة أو مؤسسة أو عقيدة) يأتي بعد ذلك. وعندما يرى المؤمنون الروح القدس يمجد المسيح يجتمعون معاً في اتحاد.

لقد تحققت نبوة إشعياء هذه أثناء الحرب العالمية الثانية، ففي الأول جاء العدو كنهر، وأقبل إبليس من كل زاوية دينية وأخلاقية واجتماعية وسياسية. ثم جاءت ثانياً نفخة الرب (أو روح الرب) فدفعته بعيداً، وبدأ المؤمنون يرون افتقاد الروح القدس المعجزي، الذي لم يكن يدور حول طائفة أو مؤسسة أو بشر، بل حول شخص الرب يسوع المسيح الذي شهد له الروح القدس ومجَّده، وبدأ المؤمنون يتجمَّعون من كل صوب. ويصف (إشعياء ٥٩ : ١٩، ٢٠) تأثيرات مختلفة لهذا الافتقاد، من رجوع بتوبة حقيقية للرب، وعودة المسيح للعمل في كنيسته آتياً بالفداء والإنقاذ، يجدد العهد ويعيد ملء الروح القدس، ويصير شعب الرب شهوداً لهذا، مصحوبة شهادتهم بمؤازرة الروح القدس الذي فيهم، وكلمة الله التي تعلنها شفاههم.

لقد افتقد الروح القدس الناس بمختلف فئاتهم العُمْرية من آباء وأبناء وأحفاد، وتنبيراً على الشباب، وهو ما تنبأ عنه (يوئيل ٢ : ٢٨) و (أعمال ٢ : ١٧) «فَيَتَنَبَّأُ بَنُوكُمْ وَبَنَاتُكُمْ.. وَيَرَى شَبَابُكُمْ رُؤًى».

ولم يكن افتقاد الروح القدس مؤقتاً لأنه يقول «**وَيَكُونُ بَعْدَ ذَلِكَ**» فإن ما سكبه الله على شعبه لن يُؤخذ منهم.

ويقارن (إشعياء ٦٠ : ١ ، ٢) بين النور والظلمة فيقول: «**هَا هِيَ الظُّلْمَةُ تُغَطِّي الأَرْضَ وَالظَّلاَمُ الدَّامِسُ الأُمَمَ، أَمَّا عَلَيْكِ فَيُشْرِقُ الرَّبُّ، وَمَجْدُهُ عَلَيْكِ يُرَى، فَتَسِيرُ الأُمَمُ فِي نُورِكِ، وَالْمُلُوكُ فِي ضِيَاءِ إِشْرَاقِكِ**». **تزيد الظلمة إظلاماً ويزيد نور الرب لمعاناً! هذه ساعة اتخاذ القرار في مفترق الطرق، ولا مكان للحل الوسط.** «**لأَنَّهُ أَيَّةُ خِلْطَةٍ لِلْبِرِّ وَالإِثْمِ؟ وَأَيَّةُ شَرِكَةٍ لِلنُّورِ مَعَ الظُّلْمَةِ؟**» (٢ كورنثوس ٦ : ١٤).

ويروي (إشعياء ٦٠ : ٣) تأثير ظهور مجد الرب في الكنيسة على العالم: تسرع الأمم طالبة العون، فإنه «**كَرْبُ أُمَمٍ بِحَيْرَةٍ**» (لوقا ٢١ : ٢٥). فتضاعُف مشاكل السنوات الأخيرة جعلت قادة العالم يعجزون عن إيجاد الحلول، ولهذا ستتجه أمم بكاملها إلى المسيح الذي يعلن حكمته وقوته من خلال الكنيسة.

ويلفت (إشعياء ٦٠ : ٤) نظر الكنيسة إلى تدفق الشعوب عليها، وينبر النبي على «**بنيك**» و«**بناتك**». وفي (آية ٥) تصل النبوة إلى ذروتها «**حِينَئِذٍ تَنْظُرِينَ وَتُنِيرِينَ**» فالشعب يتجمع معاً وهو يرى ما ينجزه الله، آتين من كل خلفية ومنطقة، وقد فاضت

أنهار النهضة التي لا تُقاوَم فيكون أنه «**يَخْفُقُ قَلْبُكِ وَيَتَّسِعُ**». ستأتي المخافة المقدسة على شعب الرب وهم يرون قوة الله ومجده، فيتسع قلبهم، ويزيد إدراكهم وهم يتممون مقاصد الله.

والآن وقد تجمَّع شعب الرب في وحدة وقوة يمنحهم الله ثروات مادية وفيرة «**لأَنَّهُ تَتَحَوَّلُ إِلَيْكِ ثَرْوَةُ الْبَحْرِ وَيَأْتِي إِلَيْكِ غِنَى الأُمَمِ**» فإن عند الله ثروات محفوظة للقيام بالعمل النهائي الذي ستنجزه الكنيسة.

العمل العظيم الأخير

سأل التلاميذ المسيح: «**مَا هِيَ عَلاَمَةُ مَجِيئِكَ وَانْقِضَاءِ الدَّهْرِ؟**» (متى ٢٤ : ٣). كان سؤالهم محدداً. لم يسألوا عن «**علامات**» (بصيغة الجمع) بل عن «**عَلاَمَةُ مَجِيئِكَ**» النهائية المحددة على أن نهاية هذا العصر قد أتت. ومن (آية ٥-١٣) ذكر المسيح علامات كثيرة تنبئ بمجيء النهاية، لكنه في (آية ١٤) أجاب بالتحديد على السؤال، قال «**وَيُكْرَزُ بِبِشَارَةِ الْمَلَكُوتِ هَذِهِ فِي كُلِّ الْمَسْكُونَةِ شَهَادَةً لِجَمِيعِ الأُمَمِ. ثُمَّ يَأْتِي الْمُنْتَهَى**».

هذه إجابة محددة على سؤال محدد: عندما تصل رسالة الإنجيل إلى كل العالم وإلى كل الأمم يأتي المنتهى. وهذا يؤكد فكرة هذا الكتاب، وهي أن مصير العالم هو في يد الرب ويد شعبه، لا في

يد الحكومات أو القوات المسلحة أو الفوضى الشيطانية. فالنهاية تتعلق بالتبشير بأخبار ملكوت الله المفرحة، وهذه مسئولية وعمل كنيسة الرب يسوع المسيح.

ويقول المسيح إن الكرازة يجب أن تكون «**بِبِشَارَةِ الْمَلَكُوتِ هَذِهِ**» التي كرز بها المسيح ثم كرز بها تلاميذه الأولون، معلنين نصرة المسيح وقوته الملكية لأنه «**حَيْثُ تَكُونُ كَلِمَةُ الْمَلِكِ فَهُنَاكَ سُلْطَانٌ**» (جامعة ٨ : ٤). «**لأَنَّ مَلَكُوتَ اللهِ لَيْسَ بِكَلاَمٍ بَلْ بِقُوَّةٍ**» (١ كورنثوس ٤ : ٢٠) بل «**بِآيَاتٍ وَعَجَائِبَ وَقُوَّاتٍ مُتَنَوِّعَةٍ وَمَوَاهِبِ الرُّوحِ الْقُدُسِ**» (عبرانيين ٢ : ٤) «**فِي كُلِّ الْمَسْكُونَةِ شَهَادَةً لِجَمِيعِ الأُمَمِ**» (متى ٢٤ : ١٤).

واليوم نرى المسرح يتجهز للعمل الأخير من الدراما الكنسية، فلأول مرة في التاريخ يمكن أن يُؤتى ببشارة الملكوت لكل العالم في جيل واحد بعد أن أعطتنا التكنولوجيا الحديثة وسائل السفر وإمكانيات الاتصالات، وكل ما هو مطلوب لذلك. صحيح إن نفقات هذه الوسائل الحديثة كبيرة جداً، لكن الله وعدنا في (إشعياء ٦٠ : ٥) «**لأَنَّهُ تَتَحَوَّلُ إِلَيْكِ ثَرْوَةُ الْبَحْرِ وَيَأْتِي إِلَيْكِ غِنَى الأُمَمِ**». وهذا يعني أن الإمكانيات والتكلفة متوافرة للكنيسة لتتمم عملها العظيم على الأرض.

وفي الوقت نفسه جاءنا مطر الروح القدس المتأخر (كما تنبأ يوئيل) بجيش من الشبان والشابات المستعدين لطاعة أمر المسيح في (أعمال ١ : ٨) «**لَكِنَّكُمْ سَتَنَالُونَ قُوَّةً مَتَى حَلَّ الرُّوحُ الْقُدُسُ عَلَيْكُمْ، وَتَكُونُونَ لِي شُهُوداً فِي أُورُشَلِيمَ، وَفِي كُلِّ الْيَهُودِيَّةِ، وَالسَّامِرَةِ، وَإِلَى أَقْصَى الأَرْضِ**». هذا هو الجيل الذي رآه داود بعين النبوة فقال: «**الذُّرِّيَّةُ تَتَعَبَّدُ لَهُ. يُخَبَّرُ عَنِ الرَّبِّ الْجِيلُ الآتِي**» (مزمور ٢٢ : ٣٠). وهو الوقت الذي قال المسيح عنه «**لاَ يَمْضِي هَذَا الْجِيلُ حَتَّى يَكُونَ هَذَا كُلُّهُ**» (متى ٢٤ : ٣٤).

ولكي يتمم الله قصده النهائي جاء بالموارد المختلفة المطلوبة: الشباب الممتلئ بالروح القدس، وبالنفقات المالية المطلوبة، وبالإمكانيات التكنولوجية اللازمة.. وللولايات المتحدة الكثير في هذا المجال، ففيها كان أول انسكاب للروح القدس على الشباب ولا زال ينسكب، كما أن الإمكانيات المادية والتكنولوجية هي الأعظم في أمريكا اليوم، فالدولة التي أنزلت أول إنسان على القمر يمكن أن تكون أول من يرسل إلى كل أمة على الأرض رسلاً يحملون بشارة الملكوت. وبتقديم الاحتياجين الأساسيين: (البشري والمادي) يمكن للولايات المتحدة أن تكمل ما بدأ الله به فيها خلال الأعوام الـ ٣٥٠ الماضية.

لقد بدأ هدف الله من الولايات المتحدة يولد من شركة الحجاج ، فقد أعطاهم الله رؤية لرد سبي الكنيسة ، فخصصوا نفوسهم بالعمل والتضحية والصلاة والصوم . واليوم يرى الذين يشاركون الحجاج الأولين في رؤيتهم اقتراب تحقيق تلك الرؤية . وتقف كنيسة المسيح على أهبة الاستعداد لتوصيل بشارة الملكوت إلى كل أركان الأرض . وعندما تقوم الكنيسة بهذا تكون قد كملت .

لقد توصل الحجاج من دراستهم للكتاب المقدس إلى حقيقتين عظيمتين سلَّموهما لمن جاء بعدهم في أمريكا ، وفي سائر البلدان ، أولهمــــا : أن قصد الله النهائي هو رد سبي الكنيسة وتكملتها ، وثانيهما : أن الصوم والصلاة هما مصدر القوة لتحقيق الهدف .

نبذة عن المؤلف
ديريك برنس

وُلد ديريك برنس (١٩١٥-٢٠٠٣) في بنجالور بالهند في عائلة من العسكريين. ودرس اللغات الكلاسيكية (اليونانية واللاتينية والعبرية والأرامية) في كلية إيتون وفي جامعة كمبردج بإنجلترا، ثم في الجامعة العبرية بإسرائيل. وكطالب كان فيلسوفاً وملحداً، وحصل على درجة الزمالة في الفلسفة من كنجز كوليج في كمبردج.

وأثناء الحرب العالمية الثانية كان يعمل في القوة الطبية للجيش البريطاني عندما بدأ يدرس الكتاب المقدس باعتباره عملاً فلسفياً، وتجدد بعد مواجهة قوية مع المسيح، وتعمد بالروح القدس بعد ذلك ببضعة أيام. وكان هذا الاختبار سبب تغيير كامل في حياته وبدأ يدرس ويعلّم بالكتاب المقدس ككلمة الله.

وعندما أخلي سراحه من الخدمة العسكرية في القدس عام ١٩٤٥ تزوج من ليدية كرستنسن التي كانت تشرف على ملجأ للأطفال.

وبعد زواجه صار أباً لثماني بنات تبنَّتهم ليدية هن ست يهوديات، وعربية، وبريطانية. وفي عام ١٩٥٠ تبنت ليدية وديريك فتاة تاسعة أثناء خدمته التعليمية في كينيا.

وفي عام ١٩٦٣ هاجر ديريك وعائلته إلى أمريكا حيث رعى كنيسة في مدينة سياتل. وقد أصابه الذعر لاغتيال الرئيس جون كنيدي فوضع على عاتقه أن يعلِّم الأمريكيين الصلاة لأجل أمريكا. وفي عام ١٩٧٣ صار أحد مؤسسي «جماعة الصلاة لأجل أمريكا». وقد حرك كتابه «تشكيل التاريخ بالصلاة والصوم» المؤمنين حول العالم ليصلّوا من أجل حكوماتهم. ويعتقد البعض أن كتابه هذا كان أحد عوامل سقوط الحكم الشيوعي في الاتحاد السوفيتي وألمانيا الشرقية وتشيكوسلوفاكيا.

وقد ماتت ليدية عام ١٩٧٥ فتزوج ديريك من روث بيكر عام ١٩٧٨ التي لم تكن متزوجة، لكنها كانت تتبنَّى ثلاثة أطفال. وقد التقى بها وهي تخدم الرب في القدس، حيث سبق أن التقى بزوجته الأولى. وماتت روث عام ١٩٩٨ في القدس التي كانت تقيم بها منذ ١٩٨١.

وتوفي ديريك برنس عام ٢٠٠٣ عن ٨٨ عاماً ظل إلى ما قبلها بقليل يخدم الرب الذي دعاه ليسافر حول العالم يعظ بكلمة حق الإنجيل، ويصلي من أجل المرضى والمصابين، وهو يعلّم بما اكتشفه

من دروس كتابية نبوية، وكتب أكثر من ٤٥ كتاباً تُرجمت لأكثر من ستين لغة.

وتستمر هيئة «خدمات ديريك برنس» في توزيع كتاباته وتعليمه، وتدريب المرسلين وقادة الكنائس عن طريق مكاتبها المنتشرة في العالم. وقد بدأ خدمة إذاعية عام ١٩٧٩ عنوانها «مفاتيح الحياة الناجحة» تمت ترجمتها إلى عدة لغات. ويُعتقد أن كتاباته اللاطائفية وتعاليمه الكتابية قد وصلت إلى أكثر من نصف سكان العالم.

لقد قام ديريك برنس بالتعليم نحو سبعين سنة في قارات العالم الست، كان معروفاً أثناءها بتعليمه الكتابي. وقد قال عام ٢٠٠٢ «إن رغبتي، والتي أعتقد أنها رغبة الرب، أن تستمر هذه الخدمة التي بدأها الرب بي لأكثر من ستين سنة، فاعلة إلى أن يجيء المسيح ثانية».